JN023918

Guide pour parler naturellement et répondre du tac au tac

サクサク話せる！
フランス語会話

フローラン・ジレル・ボニニ

白水社

音声アプリのご利用方法

1. パソコン・スマートフォンで音声ダウンロード用のサイトにアクセスします。
   QR コード読み取りアプリを起動し、QR コードを読み取ってください。
   QR コードが読み取れない方はブラウザから以下の URL にアクセスしてください。

 https://audiobook.jp/exchange/hakusuisha

   ※これ以外の URL からアクセスされますと、無料のダウンロードサービスをご利用いただけませんのでご注意ください。
   ※ URL は「www」等の文字を含めず、正確にご入力ください。

2. 表示されたページから、audiobook.jp への会員登録ページに進みます。
   ※音声のダウンロードには、audiobook.jp への会員登録（無料）が必要です。
   ※既にアカウントをお持ちの方はログインしてください。

3. 会員登録の完了後、1. のサイトに再度アクセスし、シリアルコードの入力欄に「88760」を入力して「送信」をクリックします。

4. 「ライブラリに追加」のボタンをクリックします。

5. スマートフォンの場合は、アプリ「audiobook.jp」をインストールしてご利用ください。パソコンの場合は、「ライブラリ」から音声ファイルをダウンロードしてご利用ください。

ご注意
- 音声はパソコンでも、iPhone や Android のスマートフォンでも再生できます。
- 音声は何度でもダウンロード・再生いただくことができます。
- 書籍に表示されている URL 以外からアクセスされますと、音声ダウンロードサービスをご利用いただけません。URL の入力間違いにご注意ください。
- 音声ダウンロードについてのお問い合わせ先：info@febe.jp
  （受付時間：平日の 10 〜 20 時）

装丁・本文レイアウト　森デザイン室
組版　九鬼浩子（株式会社スタジオプレス）
音源ナレーション　Florent Girerd Bonini
Kim Bedenne

はじめに

　フランス語を教えていて、生徒のみなさんからよくこんな声を聞きます。「ネイティブとの会話で、ちょっとした一言なのにぱっと言えない」「相づちが Oui. ばかりで、具体的な返事が返せない」。つまり、会話がスムーズにできないという悩みがあるようです。

　本書のフランス語のタイトルは ≪ Guide pour parler naturellement et répondre du tac au tac ≫ です。parler naturellement は「自然な会話をすること」ですね。tac au tac はキーボードを打つ音のオノマトペで、répondre du tac au tac は「即座に返事をすること」です。このふたつが本書のねらいです。

　そのために本書が提案することはふたつ。ひとつは、会話の流れを把握すること。話すテーマによって、どんなやりとりが続くのかは、ある程度決まっていますよね。24 のシチュエーションごとのダイアローグを用意しました。会話の切り出し方や返事の仕方など、流れをつかんでください。シチュエーションは、自分のこと、家族や友人との会話、旅行での場面を中心に選んでいます。

　もうひとつは、表現の型を身につけること。日常会話でよく使う表現をキーフレーズとして説明しています。言いたいことに合わせてキーフレーズを使えるようにしましょう。聞き取りと作文を中心にした練習問題も用意しています。

　文法を勉強して会話に挑戦したい人、会話の勉強法に行き詰っている人を対象にしているので、文法は巻末に補足として扱っています。必要なときに確認してください。

　本書では、くだけた表現も含めてネイティブの自然な言葉遣いをできるだけ取り上げました。フランスの映画やドラマに触れたり、フランス人と接するときに困らないようにと考えたからです。最初は自分で使いこなすことは難しくても、微妙な意味の違いや丁寧さの度合いがあることを知っておくと、実際に耳にしたときに理解ができるはずです。

　さあ、さっそくページを開いてください。もう会話が途切れる心配はありません！

Florent Girerd Bonini

目次

この本の使い方 ……………………………………… 6

発音をチェック …………………………………… 8

会話の基本 ………………………………………… 12

1章 | 出会いと挨拶

1. 初対面の挨拶…………………………………… 15

2. 自己紹介・人を紹介する……………………… 19

3. 知人・友人との挨拶…………………………… 23

En Bonus 表現のバリエーション

いろいろな挨拶／呼びかけと相づち ……… 27

2章 | 自分や身の回りの人について

4. 体調について話す……………………………… 29

5. 好みを話す……………………………………… 33

6. 印象を話す……………………………………… 37

7. 外見や性格を説明する………………………… 41

8. 趣味について話す……………………………… 45

9. 経験について話す……………………………… 49

En Bonus 表現のバリエーション

話題を変える／くだけた会話での表現…………… 53

3章 | 人付き合い

10. 約束や予定を決める…………………………… 55

11. お願いをする…………………………………… 59

12. 許可する・禁止する…………………………… 63

13. 時間や期限について話す……………………… 67

14. もてなす………………………………………… 71

En Bonus 表現のバリエーション

否定表現のバリエーション／くだけた会話での表現……………… 75

4 章 | 余暇

15. レストランを楽しむ……………………………………………… 77
16. 買い物をする……………………………………………………… 81
17. 観光スポットを楽しむ…………………………………………… 85

En Bonus 表現のバリエーション

程度を表す／くだけた会話での表現……………………………… 89

5 章 | 気持ちを伝える

18. 驚きや疑い………………………………………………………… 91
19. 落胆や後悔………………………………………………………… 95
20. 恋愛………………………………………………………………… 99

En Bonus 表現のバリエーション

理由を言う…………………………………………………………103

6 章 | 人間関係

21. 慰める・相談にのる………………………………………………105
22. 非難する・謝る……………………………………………………109
23. 祝う・感謝する……………………………………………………113
24. 意見を言う…………………………………………………………117

En Bonus 表現のバリエーション

くだけた会話での表現……………………………………………121

Exercices 解答 ………………………………………………………123
文法の補足 …………………………………………………………139
テーマ索引 …………………………………………………………145

この本の使い方

　シチュエーションごとにユニットを分けてあり、各ユニットはダイアロー グ（会話例）、キーフレーズ（表現の型）、練習問題の構成です。

■ 1ページ目　ダイアローグ

　まずは会話例で、やりとりの流れをつかみ ましょう。音声も活用してください。和訳は ページの下にあります。

■ 2〜3ページ目　キーフレーズをチェック

　表現の型となる、キーフレーズを、会話の 流れに沿って解説します。

　ダイアローグに登場した表現に加えて、よ く使う表現を取り上げています。

❶ = そのフレーズの補足説明です。知っておきたい文法や、関連する表現、 似た表現との相違点などをまとめています。

💬 前にあるフレーズに対して返事をするときに使う表現です。

語のすぐ後の ( ) は女性形を表します。

{ } は言い換えができることを示します。

( ) は省略できることを示します。

例文の形になっているものは音声を収録しています。

■ 4ページ目　練習問題

　最後に、練習問題に挑戦してください。聞き取りと作文を中心に構成しています。聞き取りは、キーフレーズに登場した表現を取り上げているので、つづり字と合わせて覚えられているか、確認してください。作文は、キーフレーズの型を使って答えてください。解答と、聞き取り問題の和訳は巻末に掲載しています。

■ 表現のバリエーション

　各章の最後に、表現をさらに広げる En bonus があります。

　余裕がある人はこちらもチェックしてください。

　ネイティブが会話でよく使う、知っておくと便利なひと言ばかりです。

Prononciation 発音をチェック

Ⅰ 注意したい発音 🔊 DL001

salut
おはよう／またね

u：唇を丸めて［イ］の音を出す。舌先を下の歯にくっつけ、舌の先を口蓋へ持ち上げる。

bonjour
こんにちは

b ：日本語のバ行と同じ。息を出すときに上下の唇が軽く当たるようにする。

j ：日本語の［ジュ］と異なり、舌先を上の歯茎の後ろにつけないように引き、息を出す。

r ：舌先は下の歯につけ、舌の後部を少しだけ口蓋垂（のどちんこ）まで持ち上げて、軽くうがいをするようにのどちんこを震わせて出す。

on ：息が鼻に抜けるようにする［o］の鼻母音。

ou ：唇を丸め、舌を奥に引いて口蓋まで持ち上げて発音する。

bonsoir
こんばんは

oi ：日本語の［ワ］とほぼ同じ。

au revoir
さようなら

au ：日本語の［オ］と同じ。

v ：上の歯を下の唇の後ろにくっつけて発音する。f とちがい、のどが震える。

France
フランス

f ：上の歯を下の唇の後ろにくっつけて発音する。v とちがい、のどが震えない。

an ：息が鼻に抜ける［ア］の鼻母音。en も同じ発音になる。

enchanté
はじめまして

é ：日本語の［エ］より口を閉じて発音する。舌は口蓋に近づく。

j'aime
好き

ai ：日本語の［エ］より口を開けて発音する。è, ei も同じ。

à demain
また明日

ain ：息が鼻に抜ける「è」の鼻母音。un と in, ein のつづりも同じ発音になる。

e ：唇を丸めた［ウ］。日本語の［ウ］より舌が下がる。eu と œu も同じ発音。

à bientôt
また近いうちに

ien ：[i] と ［un］をすばやく続けて発音する。

❷ 注意したいつづり字 🔊 DL002

coucou　　　　　　　　　　　　　　　　　　　　　　　　　　　　　ヤッホー

c　：後ろに a, o, u が続くと日本語のカ行で発音する。

exercice　　　　　　　　　　　　　　　　　　　　　　　　　　　　　練習

c　：後ろに e と i が後くと［s］と同じ発音になる。
x　：x の後ろに母音字が続く場合は［gz］になる。語頭にあることがほとんど。

excellent　　　　　　　　　　　　　　　　　　　　　　　　　　　　最高

x　：x の後ろに子音が続く場合は［ks］になる。

garage　　　　　　　　　　　　　　　　　　　　　　　　　　　　ガレージ

g　：後ろに a, o, u が続くと日本語のガ行と同じ発音になる。gu は［グ］ではなく［ギュ］。
g　：後ろに e, i が後くと j と同じ発音になる。

fatigué　　　　　　　　　　　　　　　　　　　　　　　　　　　　疲れた

gu　：gu ＋ 母音で、日本語のガ行と同じ発音になる。

campagne　　　　　　　　　　　　　　　　　　　　　　　　　　　田舎

gn　：「ニュ」と発音する。

photo　　　　　　　　　　　　　　　　　　　　　　　　　　　　　写真

ph　：「f」と同じ発音。

banque　　　　　　　　　　　　　　　　　　　　　　　　　　　　銀行

qu　：「k」と同じ発音。

attention　　　　　　　　　　　　　　　　　　　　　　　　　　　注意

tion：この場合は t が［s］の発音になる。例外は question。

oiseau　　　　　　　　　　　　　　　　　　　　　　　　　　　　　鳥

eau：日本語の「オ」と同じ。
s　：前後に母音字があると、s は濁って［z］となる。

aussi　　　　　　　　　　　　　　　　　　　　　　　　　　　　　…も

ss　：濁らない［s］と発音する。

crayon　　　　　　　　　　　　　　　　　　　　　　　　　　　　鉛筆

y　：前後に母音字があると、i が 2 つあるとみなして発音する。crayon = crai + ion

soleil　　　　　　　　　　　　　　　　　　　　　　　　　　　　　太陽

eil / eill：［エユ］と発音する。

travail　　　　　　　　　　　　　　　　　　　　　　　　　　　　仕事

ail / aill：［アユ］と発音する。

fille　　　　　　　　　　　　　　　　　　　　　　　　　　　　　　娘

ill　：［イユ］と発音する。例外：ville

Exercices 練習しましょう

(1) 音声を聴いて次のつづり字の発音を練習しましょう。　🔊 DL003

$$eu \rightarrow u \rightarrow eu \rightarrow ou \rightarrow eu \rightarrow u$$

舌を口の真中から前に出し、真中に戻し、奥に引き、また真中に戻すなど、思いきりよく舌を前と奥に動かしましょう。

(2) 最後に発音されたのはどの語かを記しましょう。　🔊 DL004

例　tout ( )　　tu (✓)　　te ( )

A　1. mou ( )　mue ( )　me ( )　　2. loup ( )　lu ( )　le ( )

　　3. doux ( )　du ( )　　de ( )　　4. pou ( )　pu ( )　peu ( )

　　5. sous ( )　su ( )　　ce ( )　　6. vous ( )　vu ( )　veut ( )

　　7. fou ( )　fut ( )　　feu ( )　　8. nous ( )　nu ( )　ne ( )

B　1. voir ( )　　voile ( )　　　　2. roue ( )　　loup ( )

　　3. clé ( )　　craie ( )　　　　4. marre ( )　　mal ( )

　　5. lire ( )　　rire ( )　　　　6. durer ( )　　du lait ( )

　　7. alaiter ( )　arrêter ( )　　8. père ( )　　pèle ( )

　　9. riz ( )　　lit ( )

C　1. livre ( )　　libre ( )　　　　2. boire ( )　　voir ( )

　　3. vient ( )　　bien ( )　　　　4. j'ai vu ( )　j'ai bu ( )

　　5. vivre ( )　　vibre ( )　　　　6. vous ( )　　boue ( )

　　7. avez ( )　　abbé ( )　　　　8. la vie ( )　　l'habit ( )

　　9. le vent ( )　le banc ( )

D　1. italien ( )　italienne ( )　　2. bon ( )　　bonne ( )

　　3. fin ( )　　fine ( )　　　　4. son ( )　　sonne ( )

　　5. mien ( )　mienne ( )　　　6. train ( )　traîne ( )

　　7. prochain ( )　prochaine ( )　8. plein ( )　pleine ( )

　　9. tronc ( )　trône ( )

③ 音声にならって、‿で示すリエゾンと⌢で示すアンシェヌマンを意識して
　ゆっくり発音しましょう。　🔊 DL005

> ❶ アンシェヌマン：語尾にあってもともと発音する子音を、母音から始まる次の単語とつなげ
> て発音すること。

> ❶ リエゾン：語末の発音しない子音を、母音字から始まる次の単語とつなげて発音すること。x,
> s, z はリエゾンすると [z] の音、d, t は [t] の音になる。

1. Il va dans une autre école.　　　2. Je plante un grand arbre.

3. C'est pour une amie.　　　　　　4. Mon frère a cinq ans.

5. Il va chez un ami qui habite à Tokyo dans un immense appartement.

6. La tour Eiffel est à Paris.

④ 音声を聞いてリエゾンする箇所に‿を、アンシェヌマンする箇所に⌢を入れ
　ましょう。　🔊 DL006

1. Je mange avec elle à midi. Tu veux venir avec nous ?

2. Cette école est ouverte le dimanche, mais elle est fermée le lundi.

3. Il en a besoin pour étudier.

4. J'ai plein de choses à faire en ce moment. Je suis très occupée.

5. J'habite à Paris mais j'adore aller chez mon oncle à Nice.

⑤ 音声を聞いて次の名前のつづり字を書きとりましょう。　🔊 DL007

1. _____　　2. _____

3. _____　　4. _____

5. _____　　6. _____

会 話 の 基 本

　会話体では会話ならでの言い回しがあるほか、文法書で見る書き言葉とは少し異なるところがあります。ダイアローグでの学習に入る前に、知っておきたいポイントをざっと見ておきましょう。

　また、日本語とちがってフランス語には敬語がないと思われていることがありますが、フランス語でも相手との関係によって丁寧さの程度を考えて話すことが大切になります。

❶ tu と vous

　大きく分けて、tu は親しい間柄で話すとき、vous は丁寧に話すときに使う。

　まず、偶然に会う人や、道で見知らぬ人に声をかけるときは、もちろん vous を使う。

　ビジネスのときは vous を使う。

　初対面では、目上の人には vous を使った方がよい。うちとけて相手が tu を使ってほしいとなったら、Tu peux me tutoyer.「tu を使ってもいいですよ」または Ce n'est pas la peine de me vouvoyer.「vous を使わなくていいですよ」と言ってくる。

　同い年ぐらいの人、年下の人なら、身内から紹介された場合だと一般的に tu を使う。

　子どもには tu を使う。

　挨拶と一緒にするビズについては 25 ページ En france を参照。

❷ 挨拶のマナー

　時間帯によって bonjour と bonsoir を使いわける。朝から夕方までは bonjour、17 〜 18 時くらいから、bonsoir で挨拶するのが一般的。

　日本ではお店の人やバスの運転手に挨拶することはほとんどないが、フランスではお店に入ったときやバスに乗るときに必ず bonjour を言うのがマナー。同じように立ち去るときは Merci, au revoir. と言う。

　知らない人に話しかけるときは Excusez-moi, monsieur / madame. と声をかける。日本語の「すみません」にあたる。

❸ 代名詞 on

　代名詞 on にはいくつかの意味がある。

　会話で nous の意味で使う。この場合、「私たち」で複数を表すが、動詞の活用や再帰代名詞は 3 人称単数の扱いになるので注意。

　On va être en retard !「（私たち）遅れちゃう！」

　On se prend une bouteille de vin ?「ワインをボトルでとろうか？」

　また、主語を誰とは特定せずに、「一般的に人々は」の意味で用いる。

　On n'a pas le droit de prendre des photos.「写真撮影は禁止されています」

④ 疑問文の丁寧さの度合い

疑問文の作り方には3通りある（作り方は141ページ参照）。それぞれ丁寧さが異なる。

親しい間での疑問文　語尾を上げる疑問文

Tu vas à Toulouse ?「トゥールーズに行くの？」

普通の疑問文　est-ce que 疑問文

Est-ce que tu vas à Toulouse ?「トゥールーズに行きますか？」

丁寧な疑問文　主語と動詞を倒置する

Vas-tu à Toulouse ?「トゥールーズに行かれますか？」

⑤ 便利な相づち「私もです」／「私はちがいます」

相づちでよく使う表現だが、肯定文に対しての返事か否定文に対しての返事かによって言い方が変わるので注意。

肯定文に対して

J'aime le pain. － Moi aussi.「私はパンが好き」「私も（好き）」
J'aime le pain. － Moi non. / Pas moi.「私はパンが好き」「私は好きじゃない」

否定文に対して

Je n'aime pas le pain. － Moi non plus.「私はパンが好きじゃない」「私も（好きじゃない）」
Je n'aime pas le pain. － Moi si.「私はパンが好きじゃない」「私は好き」

⑥ 丁寧な表現としての条件法

お願いや願望を表すときに、条件法現在形を使うとより丁寧な言い方になる。また、s'il vous plaît / s'il te plaît を最後につけると丁寧になる。

Tu peux m'aider ? → Tu pourrais m'aider ?「手伝ってくれますか？」
Je veux aller à la mer. → Je voudrais aller à la mer.「海に行きたいんですが」

また、アドバイスや提案をする場合にも条件法を用いると丁寧になる。

Ça te dirait d'aller à la piscine ?「プールに行かない？」

条件法現在形の作り方

直説法単純未来と同じ語幹で、語尾は半過去と同じものを付ける。

条件法現在の語尾

je	-ais	nous	-ions
tu	-ais	vous	-iez
il / elle	-ait	ils / elles	-aient

❼ 口語でよく省略される語

否定表現の ne

Je ne mange pas. → Je mange pas. 「私は食べない」

je suis / je sais　je と動詞がつながってそれぞれ chuis, chais となる

Chais pas bien. 「よくわからない」

tu　母音で始まる語の前で u が省略され、t' となる

Tu as faim ? → T'as faim ? 「君はお腹すいてる？」

il　子音で始まる語の前で l がよく省略される

Il fait quoi ? → I fait quoi ? 「彼は何してるの？」

est-ce que の que

Qu'est-ce que tu fais ? → Qu'est-ce tu fais ? 「君、何してるの？」

関係代名詞 qui　母音の前でたまに qu' となることがある

Tu connais le monsieur qui est là-bas ? → Tu connais le monsieur qu'est là-bas ?

「あそこにいる男性を知っている？」

peut-être　短く p'tet や、p を省略して 'tet と発音されることがある

Tu as peut-être raison. → Tu as p'tet raison. 「君は多分正しい」

非人称構文 il faut / il vaut mieux の il

Il faut partir tôt. → Faut partir tôt. 「早く出なくちゃ」

Il vaut mieux lui dire. → Vaut mieux lui dire. 「彼（女）に言ったほうがいい」

❽ くだけた表現・俗語

　表現によっては失礼にあたることがあるので、よほど親しい間をのぞいては、学習者が使うのはおすすめできない。ただし、日常会話でよく使い、ドラマや映画でも頻繁に登場するので、参考として知っておくのもよい。本書ではキーフレーズに適宜、くだけた表現も紹介するほか、En Bonus でも取り上げている。

I 初対面の挨拶

はじめまして 🔊 DL008

Nicolas : Enchanté, je m'appelle Nicolas.

Léa : Enchantée, moi c'est Léa.

Nicolas : Je suis heureux de vous rencontrer.

Léa : Tout le plaisir est pour moi.

Nicolas : D'où venez-vous ?

Léa : Je viens de Toulouse, et vous ?

Nicolas : Moi, je suis de Bourgogne, près de Dijon.

Léa : Ah d'accord ! Et qu'est-ce que vous faites dans la vie ?

Nicolas : Je travaille dans l'informatique, et vous ?

Léa : Moi je suis avocate. Vous avez des frères et sœurs ?

Nicolas : Non, je suis fils unique. Et vous ?

Léa : Moi, j'ai un grand frère et une petite sœur.

Nicolas : Très bien ! Et vous êtes mariée ?

Léa : Oui, je suis mariée avec trois enfants !

Nicolas : Ah oui ? Moi, je suis divorcé et je n'ai pas d'enfant.

和訳

ニコラ ：はじめまして、ニコラと申します。
レア　 ：はじめまして、私はレアです。
ニコラ ：あなたと知り合えて光栄です。
レア　 ：こちらこそ光栄です。
ニコラ ：ご出身はどちらですか。
レア　 ：トゥールーズの出身です。あなたは？
ニコラ ：私はブルゴーニュのディジョンの近く
　　　　 の出身です。
レア　 ：あ、なるほど！　お仕事は何をされて
　　　　 いますか。

ニコラ ：IT系の仕事をやっています。あなたは？
レア　 ：私は弁護士をやっています。兄弟はい
　　　　 ますか。
ニコラ ：いいえ。ひとりっ子です。レアさんは？
レア　 ：兄と妹がいます。
ニコラ ：いいですね！　結婚されていますか。
レア　 ：はい。子どもも3人います。
ニコラ ：そうですか。私は離婚したし子どもは
　　　　 いません。

Phrases Clés キーフレーズをチェック

❶ 初対面の挨拶 🔊 DL009

Enchanté(e), je {m'appelle / suis} + 名前.　　　　はじめまして、私の名前は〜です。

💬 Enchanté(e), moi c'est 名前.　　　　はじめまして、私は〜です。

　　❶ 自分のことを返すときは moi を最初につけるとよい。

Je suis heureux(se) de {te / vous} rencontrer.　　あなたと知り合えて光栄です。

Je suis ravi(e) de {te / vous} connaître.　　あなたと知り合えて光栄です。

　　❶ 別れるときにも使える表現だが、「もう知り合った」＝完了したことになるので不定詞を過
　　去にする。Je suis heureux de vous avoir rencontré. また、最初に会ったときに使った
　　ら、別れるときには言わない。

　　❶ Je suis を省略してもよい {Heureux / Ravi} de vous rencontrer.

💬 C'est un honneur de vous rencontrer.　　あなたと知り合えて光栄です。

💬 C'est un (véritable) plaisir de faire votre connaissance.

　　　　　　　　　　　　　　　　　　　　あなたと知り合えて光栄です。

💬 Je suis très honoré(e) de vous connaître.　あなたと知り合えてとても光栄です。

💬 Tout le plaisir est pour moi.　　　　　こちらこそ光栄です。

💬 (Moi) De même.　　　　　　　　　　こちらこそ。

💬 Pareillement.　　　　　　　　　　　こちらこそ。

❷ 出身 🔊 DL010

D'où venez-vous ?　　　　　　　　　　　　ご出身はどちらですか。

Vous êtes d'où ?　　　　　　　　　　　　　ご出身はどちらですか。

　　❶ d'où は疑問詞 où「どこ」に前置詞 de「から」をつけた形。疑問文の作り方については 141 ペー
　　ジを参照。

💬 Je {viens / suis} de ... , et vous ?　　　私は…出身です。あなたは？

Vous venez de quelle région de France ?　フランスのどの地方から来ましたか？

❸ 職業　🔊 DL011

Qu'est-ce que vous faites dans la vie ?	お仕事は何をされていますか。
Que faites-vous comme travail ?	お仕事は何をされていますか。
💬 Je travaille dans 定冠詞 + 業界 .	私は…業界で働いています。
💬 Je suis 職業 .	私は…です。

　❶ je suis + 職業・社会地位・国籍のときは冠詞はつけない。

💬 Je suis à la retraite.	退職しています。

　❶ être, avoir, vouloir, pouvoir, devoir, aller の後に続く語とのリエゾンは任意。リエゾンするとより改まった表現になる。

❹ 家族　🔊 DL012

Vous avez des frères et sœurs ?	きょうだいがいますか。
💬 Je suis {fils / fille} unique.	ひとりっ子です。
💬 J'ai un grand frère et une petite sœur.	兄と妹がいます。
Vous êtes marié(e) ?	結婚されていますか。
💬 Oui, je suis marié(e) avec deux enfants.	結婚していて子どもは2人います。
💬 Non, je (ne) suis pas marié(e).	いいえ、独身です。

　❶ 日常会話では否定の ne ... pas の ne はよく省略される。ne を使うと丁寧な印象になる。

💬 Non, je suis divorcé(e).	いいえ、離婚しました。
Vous avez des enfants ?	子どもがいますか。
💬 Oui, j'ai deux enfants, un garçon et une fille.	息子と娘がいます。
💬 Non, je n'en ai pas.	子どもはいません。

　❶ = Non, je n'ai pas d'enfant. 繰り返しを避けて d'enfant の代わりに代名詞 en を使う。

Vous habitez seul(e) ? / Vous vivez seul(e) ?	ひとり暮らしですか。
💬 J'habite avec mes parents.	両親と一緒に住んでいます。
💬 Je vis seul(e).	ひとりで住んでいます。

　❶ habiter と vivre はこの場合ではどちらを使ってもよい。

💬 J'habite en colocation.	共同借家しています。

Exercices　練習しましょう

①　質問を示された形で書き換えましょう。

1. Tu as des frères et sœurs ?
   きょうだいはいますか？

   est-ce que : _____

   倒置形 : _____

2. Que fais-tu dans la vie ?
   お仕事は何ですか？

   親しい : _____

   est-ce que : _____

3. Comment est-ce que tu t'appelles ?
   お名前は何ですか？

   親しい : _____

   倒置形 : _____

②　音声を聞いて下線部をうめましょう。　🔊 DL013

1. _____, je m'appelle Vincent, ___ _____ ___ Nice. Et vous ?

2. Je suis _____ ___ vous rencontrer ! ― ___ _____.

3. Que fais-tu _____ ____ _____ ? ― ___ _____ policier.

4. Tu as _____ _____ et sœurs ? ― Non, je suis _____

   _____.

5. Heureuse de te _____ ! ― Tout ___ _____

   _____ _____ moi.

6. Ravi de vous _____ _____. ― _____ ____ _____.

7. C'est un _____ de faire _____ _____.

   ― _____ !

2 | 自己紹介・ 人を紹介する

A 自己紹介　🔊 DL014

Masahiro : Bonjour à tous. Je me présente, je m'appelle Masahiro. J'ai 23 ans, et je suis japonais. Je suis né à Osaka, mais j'ai grandi à Kobe. Si vous avez des questions, n'hésitez pas à me demander.

B 人を紹介する

Julien : Salut Sophie, je te présente Alex. C'est mon meilleur ami. Il est professeur de français à la fac, mais il n'est pas français, il est suisse !

Sophie : Enchantée.

Alex : De même.

Julien : Et Alex, voici Sophie. C'est une collègue et amie.

Alex : Je vois ! Vous vous connaissez depuis longtemps ?

Julien : Oui, c'est une vieille amie. On se connait depuis plus de quinze ans.

Sophie : Le temps passe vite ! (...)

Alex : Ravi de t'avoir rencontrée.

和訳

Ⓐ マサヒロ：みなさん、こんにちは。自己紹介させていただきます。マサヒロと申します。23歳で日本人です。大阪生まれですが、神戸育ちです。もし質問があったら、お気軽に聞いてください。

和訳

Ⓑ ジュリアン：やあ、ソフィー。アレックスを紹介します。私の一番の友達です。大学のフランス語の先生だけど、フランス人じゃなくてスイス人ですよ。

ソフィー ：はじめまして。

アレックス：こちらこそ。

ジュリアン：で、こちらがソフィーです。同僚で友達です。

アレックス：なるほど。古くから知り合いですか？

ジュリアン：そうです、旧友です。15年以上前からの知り合いです。

ソフィー ：時間がたつのは速い！（…）

アレックス：あなたと知り合えて光栄です。

Phrases Clés　キーフレーズをチェック

❶ 自己紹介　🔊 DL015

Je me présente.	自己紹介をさせていただきます。
Permettez-moi de me présenter.	自己紹介をさせていただきます。[最も丁寧]
J'ai 数字 ans.	私は…歳です。

❶ 尋ねる場合は、Quel âge avez-vous ?「何歳ですか」

Je suis 国籍 .	私は…人です。

❶ 尋ねる場合は、De quelle nationalité êtes-vous ?「国籍は何ですか」

Je suis né(e) à 都市 .	…生まれです。

❶ 尋ねる場合は、Où êtes-vous né ?「どこで生まれましたか」

J'ai grandi à 都市 .	…育ちです。
J'habite à 都市 .	…に住んでいる。

❷ 人を紹介する　🔊 DL016

Je {te / vous} présente 名前 .	…さんを紹介します。
C'est / Voici 名前・関係 .	こちらは…さんです。

❶ voici の方が丁寧。

C'est un(e) ami(e) d'enfance.	幼なじみです。

❶ 人との関係を説明するときは c'est 冠詞など ＋ 名詞を使う。

❶ C'est mon ami d'enfance. ≠ C'est un ami d'enfance. 所有形容詞 mon, ma などを使うと、特定のひとりになり、その他にいないという印象が強いので、友人については「何人かいるうちの」を意味する不定冠詞 un, une, des を使う。

C'est une connaissance.	知り合いです。
C'est un(e) ami(e) (du lycée).	(高校の頃からの) 友達です。
C'est un(e) de mes meilleur(e)s ami(e)s.	私の親友のひとりです。
C'est un(e) collègue (du travail).	同僚です。

❶ il est un ami とは言えない。詳しくは 144 ページ参照。

❸ 付き合いの長さ　🔊 DL017

Vous vous connaissez depuis longtemps ?　知り合って長いですか。

   ❶ se connaître は代名動詞で、se, vous などの再帰代名詞は「お互いに」を表す。

Vous vous connaissez depuis combien de temps ?

どれくらい前からの友達ですか。

💬 **On se connaît depuis** 期間 / 時点 **.**　…前／…の時から知っています。

   ❶ depuis que ... も可能：On se connaît depuis que j'ai 15 ans.「15 歳のときから知っている」

   ❶ 日常会話では「わたしたち」の意味で nous よりも on を使うことが多い。

Ça fait ... qu'on se connaît.　…前から知っています。

Comment est-ce que vous vous êtes connus ?　どうやって知り合いましたか。

💬 **On s'est connus à ...**　…で知り合いました。

❹ 会話を広げるひと言　🔊 DL018

J'ai l'impression qu'on s'est déjà rencontrés, non ?

前に会ったことがある気がします。

💬 **Je ne pense pas. Votre visage ne me dit rien.**

違うと思います。あなたの顔に見覚えがありません。

   ❶ ne me dire rien は直訳すると「私に何も言わない」で、「ピンとこない」という意味。

💬 **Oui, votre visage me dit quelque chose !**

あなたの顔を見たことがある気がします！

J'ai beaucoup entendu parler de vous.　お噂はかねがねうかがっています。

Vous ne me reconnaissez pas ?　私のことがわかりませんか。

Exercices 練習しましょう

① **c'est / ce sont** もしくは **il / elle est, ils / elles sont** から正しいもの を選んで下線部をうめましょう。

1. _____ mon copain. _____ Suisse.
   彼は私の彼氏です。スイス人です。

2. Lui, _____ son meilleur ami. _____ professeur à la fac.
   彼は彼女の一番仲のいい友人です。大学で教授をしています。

3. _____ ma nouvelle voiture. _____ super jolie, non ?
   それは私の新しい車だよ。超きれいでしょう？

4. _____ qui sur la photo ? — _____ ma mère.
   写真に映っている人は誰ですか？ —私の母親です。

5. _____ tes jouets ? — Oui, mais _____ cassés...
   君のおもちゃなの？ —うん、でも壊れているよ。

6. Le fromage, _____ bon !
   チーズっておいしいよね。

7. _____ japonais. _____ des amis.
   彼らは日本人です。友達です。

8. Le Japon, _____ un pays unique.
   日本とは、ユニークな国です。

9. _____ des étudiantes très sérieuses.
   彼女たちはとても真面目な学生です。

10. Elles sont jeunes. _____ encore étudiantes.
    彼女たちはまだ若いです。まだ学生ですよ。

② 音声を聞いて下線部をうめましょう。 ◀) DL019

1. Salut ! Je _____ présente Erina. _____ mon amie japonaise.

2. _____ Michel. _____ un collègue.

3. Vous vous connaissez _____ combien de temps ?

4. ____ _____ super longtemps qu'on se connaît !

5. On _____ connus au lycée.

3 | 知人・友人との挨拶

Ⓐ 丁寧な挨拶　🔊 DL020

Fabien : Bonjour, comment allez-vous ?

Lucile : Je vais très bien, merci, et vous ?

Fabien : Ça va, merci. (...)

Fabien : Je vous laisse. Passez le bonjour à Alain de ma part.

Lucile : D'accord. Rentrez bien et passez une bonne soirée.

Fabien : Merci, vous aussi. Au revoir, à demain.

Ⓑ カジュアルな挨拶

Pierre : Coucou ! Ça va ?

Monique : Salut ! Ouais, ça va très bien et toi ?

Pierre : Bien, merci. Ça fait longtemps ! Quoi de neuf ?

Monique : Pas grand chose, et toi ?

Pierre : Moi non plus. Tu as des nouvelles de Jérôme ?

Monique : Non, mais tu as le bonjour de Jean ! (...)

Monique : Bon, j'y vais. À bientôt.

Pierre : Ça marche. À plus, bonne journée.

和訳

Ⓐ
ファビアン：こんにちは。ご機嫌はいかがで
　　　　　すか。
ルシール　：とてもいいですよ。ファビアン
　　　　　さんは？
ファビアン：とても元気ですよ。(…)
ファビアン：先に失礼します。アランさんに
　　　　　よろしくお伝えください。
ルシール　：わかりました。お気をつけて帰っ
　　　　　てください。よい晩を。
ファビアン：どうも、あなたも。さようなら、
　　　　　また明日。

和訳

Ⓑ
ピエール：おはよう！　元気？
モニーク：やあ！　うん、とても元気だよ、
　　　　　ピエールも元気？
ピエール：うん、元気だよ。久しぶりだね！
　　　　　最近どう？
モニーク：別に何もないよ。ピエールは？
ピエール：僕も別に。ジェロームから連絡
　　　　　あった？
モニーク：ううん、でもジャンがよろしくと
　　　　　言っていた！（…）
モニーク：よし、もう行くよ。またね。
ピエール：オッケー。またね、よい一日を。

Phrases Clés キーフレーズをチェック

❶ 挨拶　🔊 DL021

Bonjour.	こんにちは。
Bonsoir.	こんばんは／［夜別れるとき］さようなら。
Coucou.	ヤッホー。
Salut.	やあ／さようなら。

❶ 会ったとき、別れるときどちらにも使える。

❷ 調子を尋ねる、言う　🔊 DL022

Comment allez-vous ?	ご機嫌はいかがですか。
Ça va (bien) ?	元気？
Tu vas bien ?	元気ですか？
💬 {Je vais (très) bien / Ça va}, merci. Et toi ?	とても元気です。あなたは？

   ❶ 返事はまず merci でお礼を言ってから、et toi / vous ? で聞き返す場合が多い。

   ❶ 聞き返すとき、日本語とちがい相手の名前を言うのでなく、et toi / vous ? を使う。

💬 Pas mal.	元気だよ［悪くない］。
💬 Tranquille.	［親しい間で］元気だよ。
💬 Ça peut aller.	ふつう。
💬 Bof.	まあまあ。
💬 Non, pas très bien.	あまり元気じゃない。
La forme ? / La pêche ?	［親しい間で］元気？

   ❶ pêche は桃。「元気」を表す慣用表現。

💬 Oui, et toi ?	うん、君は？
💬 (J'ai) La pêche ! / (J'ai) La forme !	超元気！

❸ 近況を尋ねる　🔊 DL023

Qu'est-ce que tu as ?	何かあった？
Qu'est-ce qu'il y a ?	何かあった？

   ❶ Qu'est-ce que tu as ? は相手の機嫌や体調について聞くときに使う。
      Qu'est-ce qu'il y a ? は「最近身の回りで何が起きた？」という意味合い。

Ça fait longtemps.	久しぶり。
Quoi de neuf (à part ça) ?	（それ以外に）最近変わったことは？
Qu'est-ce que tu deviens ?	最近どうしているの？

❶ かなり長い間会っていないときに使う。直訳すると「あなたは何になったか」。

💬 Rien de spécial. / Pas grand chose.	別に何もない。
Tu as des nouvelles de ...	…から連絡がある。
Tu as le bonjour (de la part) de ...	…がよろしくと言っていた。
Passe(z) / Donne(z) le bonjour à ... (de ma part).	
	（私にかわって）…さんによろしくと伝えてください。

❹ 別れるときの挨拶　🔊 DL024

| Je {te / vous} laisse. | 先に失礼します。 |
| J'y vais. / Je dois y aller. | もう行きます。／行かなきゃ。 |

❶ je vais とは言えない。代名詞 y を入れなければならない。

Au revoir.	さようなら。
Ciao. / Salut.	じゃあね。
À {demain / ce soir / lundi / dans un mois}.	また明日／今晩／月曜日／ひと月後に。

❶「さようなら」の後に「次はいつ会うつもり」というこの表現を続ける。

❶ dans ＋ 期間で「〜後に」という意味になる。après ではないので注意。

À plus.	またね。
À bientôt.	また近いうちに。
À tout à l'heure. / À plus tard.	またあとで。

❶ その日のうちにまた会う場合の表現。

Rentre(z) bien.	気をつけてお帰りください。
(Passe(z) une) Bonne {journée / soirée}.	よい一日を。／よい晩を。
Prends soin de toi. / Prenez soin de vous.	お大事に。

---

faire la bise：頬っぺたにキスをする習慣「ビズ」

家族のあいだではみんなお互いにビズをします。友達でもしますが、男性同士ならふつうは握手。ただ、とても仲がよい場合にはキスをすることもあります。顔を合わせたり、別れたりするたびにします。

ビジネスでは握手をします。

ビズをするときはスマックという音がします。地方によって回数が異なり、1回から4回までありますが、片ほほに1回ずつするのが一般的でしょう。

En france
フランス
では・・・

1章
出会いと挨拶

25

Exercices 練習しましょう

➡解答 P.124

① [ ]から正しいものに○をして文を完成させましょう。

1. Je [te / me] laisse. Passe [une / la] bonne journée !
   お先に。よい一日を！

2. À bientôt ! ー [Coucou / Salut] .
   またね！ーまたね！

3. Quoi de neuf à part [ça / toi] ? ー [Rien / Rien de] spécial, et toi ?
   それ以外は最近変わったことは？ 一別に何も、あなたは？

4. Au fait, tu as [un / le] bonjour de [sa / la] part de Julien.
   ちなみに、ジュリアンがよろしくと言っていた。

5. Je suis inquiet. Je n'ai plu [de / des] nouvelles de Pierre.
   心配だよ。ピエールからもう連絡が来ない。

② 音声を聞いて下線部をうめましょう。　🔊 DL025

1. Salut ! Tu as des ＿＿＿＿＿＿＿ de Cathy ? ー Oui ! Elle va bien.

2. Coucou. ＿＿＿ ＿＿＿＿＿＿ longtemps. ＿＿＿ ＿＿＿＿＿＿ ?

3. Je vous ＿＿＿＿＿＿ . ＿＿＿＿＿＿ une bonne soirée !

4. Ça va pas ? Qu'est-ce que ＿＿＿ ＿＿＿ ? ー Je vais pas très bien.

5. Salut ! Alors, ＿＿＿＿ ＿＿＿ ＿＿＿＿ ? ー ＿＿＿＿ ＿＿＿＿ ＿＿＿＿＿, et toi ?

③ 音声を聞いて下線部をうめましょう。　🔊 DL026

Clara　　: Salut Vincent ! ＿＿＿＿＿ ＿＿＿＿＿ ?

Vincent　: Salut ! ＿＿＿＿＿＿＿＿＿＿, et toi ?

Clara　　: ＿＿＿＿＿, je suis un peu malade.

Vincent　: Ah bon ? ＿＿＿＿＿＿＿＿＿ ＿＿＿＿＿＿ ＿＿ ＿＿ ?

Clara　　: Je suis juste enrhumée. (...)

Clara　　: Bon, je ＿＿＿＿ ＿＿＿＿＿＿. Je ＿＿＿＿ ＿＿ ＿＿＿＿. À bientôt,
　　　　　 j'espère.

Vincent　: ＿＿＿＿ ＿＿＿＿＿＿. Prends ＿＿＿＿ ＿＿＿ ＿＿＿＿. À bientôt !

表現のバリエーション

いろいろな挨拶

元気？

Comment vous portez-vous ? お元気ですか。
丁寧な言い方。

Ça roule. 調子がいい／うまくいってる。
直訳すると「（車輪付きのものが）動く」。親しい間での表現。

Ça va comme sur des roulettes. 元気／思い通りにいっている。
直訳すると「車輪がついているみたいに動いている」。親しい間での表現。

Je pète la forme ! エネルギー満タン！
「元気ではちきれそう」という意味で、親しい間での表現。

J'ai la patate ! 超元気。
直訳すると「じゃがいもを持っている」。

Ça baigne. / Ça gaze. 元気。
親しい間での表現だが、あまり使わない。

別れるときに

Allez, / Bon, ... さあ、…。
どちらも話の切り上げるときのひと言。Allez, j'y vais !「さあ、もう行きます！」

Je file ! もう行きます！
直訳すると「急いでいく」。親しい間での表現だが、あまり使わない。

À (tout) de suite. また後で。
すぐまた会う場合に言う。

À toute ! じゃあね！／またあとで！
À tout à l'heure. の省略。文脈によって2つ意味がある。

Bye. バイバイ。
英語由来の表現。

À la prochaine (fois). / À une prochaine fois. ではまた近いうちに。
直訳すると「また次回」。

Bisous ! じゃあね！
親友や家族などに、手紙やメール、電話でキスの挨拶の代わりによく使う。

Je t'embrasse. 口づけを送ります。
やや丁寧な言い方。手紙でよく使う。

表現のバリエーション

呼びかけと相づち

呼びかけ

dis (donc) ねえ／ちょっと
親しい間での言い方。T'as vachement mangé, dis donc !「すごく食べたよね！」

dis-moi ねえ／ちょっと／［念押し］だね
Dis-moi, tu peux venir m'aider un peu ?「ねえ、ちょっと手伝いに来てくれる？」
T'as bien bossé dis-moi !「よく働いたよね！」

hein 何？／［念押し］だね
親しい間の言い方。J'ai perdu mon passeport ! ― Hein !?「パスポートを落とした！」「何？」
C'est bon, hein ?「おいしいだろう？」

相づち

Parfait ! それで完璧／決まりだ
On se donne rendez-vous à 19 heures ? ― Parfait !「19時に会おうか？」「完璧！」

Eh ben dis donc ! まさか！
Eh beh dis donc ! Y a du monde aujourd'hui !「やばい！今日は人が多いよね！」

tu sais わかるだろ

ouf ふう／やれやれ
Ouf ! Je suis arrivé à temps !「ふう！ 間に合った！」

Ça marche. 了解。

Pas de souci. 問題ない。／了解。

je vois なるほど

Ah bon ? そうですか？

grave そうだね
親しい間の言い方。Ce film est super triste, tu trouves pas ? ― Grave !「この映画はすごく悲しい！ そう思わない？」「そうだね！」

Ça se voit. 見たらわかったよ。
J'ai maigri de 17 kilos ! ― Ça se voit !「17キロやせたよ！」「見たらわかったよ！」

4 | 体調について話す

体調が悪い　🔊 DL027

Antoine : Salut...

Charlotte : Salut ! Oula, t'as pas l'air en forme ! Qu'est-ce que t'as ?

Antoine : Je suis malade. J'ai chopé un rhume l'autre jour et ça a empiré. J'ai de la fièvre et maintenant je ne fais que tousser.

Charlotte : T'es allé voir le médecin ?

Antoine : Oui, bien sûr. Il m'a prescrit du sirop contre la toux et des médicaments pour la fièvre. Et toi, qu'est-ce que tu t'es fait à la main ?

Charlotte : Ah, ça ? C'est rien, juste une petite entorse.

Antoine : Comment tu t'es fait ça ?

Charlotte : En jouant au volley ! Sur le coup, ça m'a fait très mal, mais maintenant ça va mieux. J'ai presque complètement guéri.

Antoine : Ah d'accord ! Bon, je dois y aller, à bientôt !

Charlotte : Ça marche, à bientôt, et soigne-toi bien !

和訳

アントワーヌ：おはよう…
シャルロット：おはよう！　あら、元気じゃなさ そうだね！　どうしたの？
アントワーヌ：体調が悪くて。こないだ風邪を引 いて、それが悪化しちゃった。熱 もあるし、咳ばかり出る。
シャルロット：お医者さんに診てもらった？
アントワーヌ：うん、もちろん。咳止めのシロッ プと解熱剤を処方してくれた。 シャルロットは、その手はどうし たの？

シャルロット：あ、これ？　なんでもない、ただ のちょっとしたねんざ。
アントワーヌ：どうやってできたの？
シャルロット：バレーボールして！　そのとき は、とても痛かったけど、今はよ くなった。ほぼ完全に治った。
アントワーヌ：あ、なるほど！　じゃあ、行かな くちゃ、またね！
シャルロット：了解、またね。あとお大事にね！

Phrases Clés キーフレーズをチェック

❶ 体調　🔊 DL028

Tu te sens comment ?	気分はどう？
💬 Je ne me sens pas bien.	気分が悪い。
Qu'est-ce que tu as ?	どうしたの？
Tu n'as pas l'air en forme !	元気じゃなさそう！
💬 Je suis malade.	体調が悪い。
💬 Je ne sais pas ce que j'ai.	原因がわからない。
💬 Je suis patraque.	身体の具合が悪い。

❷ 症状を言う　🔊 DL029

J'ai attrapé un rhume.	風邪を引いた。

　　　❶ J'ai {attrapé / chopé} ＋ 病気

J'ai un rhume. / Je suis enrhumé(e).	風邪を引いている。
J'ai la migraine.	偏頭痛がする。
J'ai la grippe.	流感／インフルエンザにかかっている。
J'ai {la diarrhée / la chiasse}.	下痢している。

　　　❶ chiasse は親しい間での表現。

Je suis constipé(e).	便秘している。
J'ai de la fièvre.	熱がある。
J'ai mal à la tête.	頭が痛い。
J'ai mal au ventre.	お腹が痛い。

　　　❶ j'ai mal à ＋ 部位「…が痛い」

J'ai la tête qui tourne.	頭がぐるぐるする。
Je tousse.	咳をする。
J'ai le nez qui coule.	鼻水が出る。
J'ai le nez bouché.	鼻がつまっている。
J'ai la gueule de bois.	二日酔い。
J'ai la nausée. / J'ai envie de vomir.	吐き気がする。

　　　❶ avoir envie は生理的に「したい」。vouloir は考えたうえでの希望を表す。

Ça me gratte.	かゆい。

Ça pique. _____ ちくちくする。

③ けが 🔊 DL030

Qu'est-ce qui t'est arrivé ? _____ あなたに何があったの？

❶ Qu'est-ce qui は「何」が主語のときに使う。

💬 Je me suis fracturé 部位 / 骨 . _____ …が折れた。

💬 Je me suis blessé(e) à 部位 . _____ …にけがした。

💬 Je me suis cogné(e). _____ ぶつかった。

💬 Je me suis fait opérer de 部位 . _____ …の手術を受ける。

💬 Je me suis fait une entorse à 部位 . _____ …をねんざする。

❶ 代名動詞は、自分に行動の結果が返ってくる意味合いを表す。

💬 J'ai ma jambe dans le plâtre. _____ 足にギプスをはめている。

Comment tu t'es fait ça ? _____ どうやってそうなったの？

💬 En tombant. _____ 転んだ。

❶ en + 現在分詞で原因、方法を表す。

④ いたわりのひと言 🔊 DL031

Je te souhaite un bon rétablissement. _____ ご回復を祈ります。

Prends soin de toi. _____ お大事に。

Soigne-toi bien. _____ 早く治りますように。

Guéris vite. _____ 元気を取り戻す。

reprendre du poil de la bête _____ 元気になっている

Je vais mieux. _____ よくなった。

⑤ 会話を広げるひと言 🔊 DL032

avoir des courbatures à 部位 _____ …がこっている

Atchoum ! _____ はっくしょん！

💬 À tes souhaits ! _____ 望みがかないますように。

❶ くしゃみをした人に言う。二回続けてしたら、à tes amours「あなたの愛のために」と言う。

ne faire que ... _____ …してばかりいる

faire mal _____ …が痛い

sur le coup / sur le moment _____ その場で

31

Exercices 練習しましょう

① 音声を聞いて下線部をうめましょう。 🔊 DL033

1. Comment tu _____ _____ ___ ? — ___ _____ dans les escaliers.

2. _____ _____ ____ _____ ? — Je me suis fait _____ _____.

3. _____ _____ la grippe... — Ah oui ? _____ - ____ bien !

4. ____ ____ _____ ? — Oui, j'ai complètement guéri !

5. _____ _____ t'as ? — J'ai le nez _____ _____, et mes yeux ___ _____.

6. Atchoum ! - À ___ _____ !

7. Bois ça ! Tu vas _____ ____ _____ de la bête grâce à cette boisson !

② 会話が完成するように◆の日本語をフランス語に訳しましょう。

1. Quand tu as la grippe, qu'est-ce que tu as comme symptômes ?
   インフルエンザのときにあなたはどんな症状を示しますか。
   ◆のどが痛くて咳が出るし、熱がある。

   _____

2. Quand tu bois trop, comment te sens-tu ?
   お酒を飲み過ぎたとき、気分はどうですか。
   ◆吐き気がして頭がぐるぐるするけど、お腹は痛くない。

   _____

3. Qu'est-ce que tu t'es fait ?
   どうしたの？
   ◆転んで腕をけがした。

   _____

4. Tu n'as pas l'air en forme. Qu'est-ce que tu as ?
   元気なさそうだね。どうしたの？
   ◆風邪引いちゃった。はっくしょん！ 一望みがかないますように！

   _____

5 | 好みを話す

何が好き？　🔊 DL034

Mikaël ：T'aimes quoi comme cuisine ?

Mélissa ：La cuisine française et italienne. Et toi ?

Mikaël ：Pareil. Et c'est quoi ton plat préféré ?

Mélissa ：La ratatouille ! J'adore ça. Et toi ?

Mikaël ：Je vois ! Moi, c'est la tartiflette.

Mélissa ：C'est un de mes plats préférés ! Je raffole du fromage.

Mikaël ：Moi aussi, surtout le camembert ! Tu préfères la viande ou le fromage ?

Mélissa ：J'aime bien les deux, et toi ?

Mikaël ：Moi, je préfère le fromage à la viande. T'as déjà goûté du chèvre chaud avec du miel ?

Mélissa ：Oui oui, bien sûr.

Mikaël ：Ça t'a plu ?

Mélissa ：Ça peut aller. Mais je préfère largement le poulet.

Mikaël ：Tous les goûts sont dans la nature !

和訳

ミカエル：どんな料理が好き？

メリサ ：フランス料理とイタリア料理。ミカエルは？

ミカエル：一緒だ。メリサの好物は？

メリサ ：ラタトゥイユ！　大好き。ミカエルは？

ミカエル：なるほどね。僕はね、タルティフレットなんだ。

メリサ ：私の好きな料理のひとつだ。チーズに目がない！

ミカエル：僕も、特にカマンベール。肉とチーズとどっちが好き？

メリサ ：両方とも好きだよ。ミカエルは？

ミカエル：僕は肉よりチーズの方が好き。蜂蜜をかけて溶かしたヤギチーズを食べたことがある？

メリサ ：うん、うん、もちろん。

ミカエル：気に入った？

メリサ ：ふつう。でも鶏の方がずっと好き。

ミカエル：世の中にはあらゆる好みの人がいるね！

Phrases Clés キーフレーズをチェック

❶ 好みを尋ねる 🔊 DL035

Tu aimes quoi comme 無冠詞名詞 ?　　　　　　　どんな…が好き？

- ❶ あるジャンルの中でどんな種類のものが好みかを尋ねるときの表現。
- ❶「quel 名詞」という表現もあるが、「quoi comme 無冠詞名詞」の方をよく使う。
- ❶ 直訳は、「…として、何が好きですか」
- ❶ = Qu'est-ce que tu aimes comme ... ? / Qu'aimes-tu comme ... ?

C'est quoi {ton / votre} 名詞 préféré(e) ?　　あなたのお気に入りの…は何ですか？

- ❶ C'est quoi 名詞 / Qu'est ce que c'est 名詞「…とは何ですか？」
- ❶ quel est 名詞という表現もあるが、日常会話ではあまり使わない。

C'est {mon / ma} (名詞) préféré(e).　　　　私のお気に入り（の…）です。

C'est un(e) de mes (名詞) préféré(e)s.　　　私の好きな（…の）ひとつだ。

Tu préfères A ou B ?　　　　　　　　　　　　AとBどっちが好き？

💬 **Je préfère A à B.**　　　　　　　　　　　　BよりAの方が好き。

- ❶ à の代わりに (plutôt) que を使ってもよい。
- ❶「…すること」と動詞を比べる場合、préférer 動詞 (plutôt) que 動詞をよく用いる。

J'aime bien les deux.　　　　　　　　　　　　両方好き。

- ❶ 好みを伝える動詞（aimer, adorer, préférer, détester など）の後の名詞には、定冠詞を
つける。動詞を続ける場合は、原形になる。

Ça m'est égal. / Peu importe.　　　　　　　　どっちでもいい。

Je n'ai pas de préférence.　　　　　　　　　　好みはない。

❷ 感想を尋ねる 🔊 DL036

Tu aimes bien ? / Tu as bien aimé ?　　　　　好き？／好きになった？

Ça {te / vous} plaît ? / Ça {t' / vous} a plu ?　それは気に入る？／気に入った？

- ❶ A plaire à B「A は B の気に入る」。B が代名詞の時は間接目的語（me, te, lui, nous,
vous, leur）を用いる。

💬 **Oui, j'adore. / Oui, j'ai adoré.**　　　　　　うん、大好き／大好きになった。

💬 **Oui, j'aime bien. / Oui, j'ai bien aimé.**　　うん、好き／好きになった。

💬 Ça me plaît. / Ça m'a (beaucoup) plu.　気に入っている／（とても）気に入った。

💬 Ça peut aller. / Ça va.　ふつう。

💬 Non, (je n'aime) pas beaucoup.　いや、あまり（好きじゃない）。

💬 Non, je déteste !　いや、大嫌い！

❶ 好みを伝える動詞（aimer, adorer, préférer, détester, trouver など）の後に、直接目的語の代名詞を続けるか、ça を続けるかで意味が異なる。

Tu aimes bien ça, le fromage ?「チーズは好き？」（チーズ一般）≠ Tu l'aimes bien, le fromage ?「このチーズが好き？」（話題に出た、特定された）

J'adore ça ! C'est super bon. ≠ Je l'adore ! Il est super bon.

Je trouve ça super bon. ≠ Je le trouve super bon.

Tu aimes bien lire ?　読書が好きですか？

💬 Oui, j'aime bien ça.　はい、好きです。

❶ aimer ＋動詞の原形に返事をするとき、動詞の原形は ça に置き換える。

❸ 大好き・大嫌い　🔊 DL037

Je suis dingue de ...　…が本当に大好き。

Je suis {fou / folle} de ...　…が本当に大好き。

J'ai horreur de ...　…が本当に大嫌い。

Je ne supporte pas ...　…に我慢ならない。

❹ 会話を広げるひと言　🔊 DL038

Ce que j'adore dans A, c'est B.　A で大好きなことは、B です。

❶ Ce que..., c'est... は直接目的語を強調する。主語を強調するには、Ce qui..., c'est... という表現を使う。

J'apprécie beaucoup ...　私は…を高く評価します。

Rien ne vaut ...　…に限る。

En france フランスでは・・・

フランス人は、好き嫌いが激しい

フランス人はよく好みについて聞くし、かなりはっきり返事をします。好き嫌いだけでなく、不満があるときも遠慮なく言葉や態度に出すタイプの人が多いです。これは日本人からすると困ることもあるかもしれませんね。

① 音声を聞いて下線部をうめましょう。　🔊 DL039

1. Qu'est-ce que t'aimes _____ dessert ? — _____ les gâteaux !
2. Ce professeur _____ beaucoup ____ _____ étudiants.
3. Le restaurant t'a _____ ? — Oui, _____ _____ .
4. Je préfère la voiture ____ la moto. Pas toi ?
5. _____ _____ , ça ? — C'est mon nouveau sac. _____ pas ?

② （　）の語から正しいものに○をして文を完成させましょう。

1. Tu aimes bien (un / le) chocolat ? — (J'adore ça / Je l'adore) !
　チョコレートは好きですか？　—大好きです！
2. T'as vu ce film ? — Oui, (je l'ai beaucoup aimé / j'ai beaucoup aimé ça).
　この映画を見た？　—うん、とても好きになった。
3. Mon mari cuisine souvent. (Il l'adore / Il adore ça).
　私の夫はよく料理する。彼はそれが大好きだ。
4. T'aimes les chats ? — (J'adore ça / Je les adore).
　Même le chat de ta copine ? — Ah non, (je le déteste / je déteste ça).
　Il me griffe tout le temps !
　猫って好き？　—大好き！　—君の彼女の猫も？　—いや、大嫌い！　いつも僕をひっかくもん！
5. Je supporte pas les araignées ! — Moi, (j'adore ça / je les adore).
　クモは我慢ならない！　—私はクモが大好き。

③ 日本語をフランス語に訳しましょう。

1. 赤と青、どっちが好き？—両方とも大好き。

_____

2. サッカーが私のお気に入りのスポーツのひとつです。

_____

3. どんな映画を見るの？—アクション映画が大好き。

_____

4. 彼は家にいるより出かけるほうが好きだ。

_____

5. 新しい寝室は君の気に入っているかい？

_____

6 | 印象を話す

どう思う？ 🔊 DL040

Vincent : Ce film a l'air bien ! Non ? T'en penses quoi ?

Clara : T'as raison ! On va le voir ?

Vincent : Ça marche ! (...)

Vincent : Alors, tu l'as trouvé comment, le film ?

Clara : Chais pas bien. Mais je l'ai trouvé un peu trop long à mon goût.

Vincent : Ah bon ? Moi, non. Par contre, j'ai trouvé qu'il était assez violent. Tu trouves pas ?

Clara : C'est sûr. Je pense que ta sœur ne va pas aimer ce film...

Vincent : Oui, t'as raison. Il est trop violent pour elle à mon avis. Puis de toutes façons, les films d'action, c'est pas sa tasse de thé.

Clara : C'est vrai ! Elle, à part les films à l'eau de rose...

Vincent : C'est clair ! Qu'est-ce que c'est chiant ce genre de film !

Clara : Je suis d'accord avec toi. Quel ennui !

2章 自分や身の回りの人について

和訳

ヴァンサン：この映画は楽しそうだね！　どう思う？

クララ　：そうだね！見に行こうか。

ヴァンサン：オッケー！（…）

ヴァンサン：ね、映画はどうだった？

クララ　：よくわからないな。でも、私の好みでいうとちょっと長かった。

ヴァンサン：そう？　僕は、長いとは思わなかった。そのかわりけっこう暴力的だと思った。そう思わない？

クララ　：確かに。君の妹はきっとこの映画が好きにならないだろうね。

ヴァンサン：確かに。僕の考えでは彼女にはこの映画は乱暴すぎる。いずれにせよアクション映画は彼女の好みじゃないね。

クララ　：本当だ！　彼女は甘ったるい映画以外はね…。

ヴァンサン：そうだよね！　ああいう映画はなんてつまらないんだ。

クララ　：賛成。なんて退屈！

37

Phrases Clés キーフレーズをチェック

❶ 印象・意見を尋ねる 🔊 DL041

Qu'est-ce que tu penses de ... ?	…についてどう思う？
Qu'est-ce que t'en as pensé ?	それについてどう思った？
T'en penses quoi (de ...) ?	(…について) どう思う？
Je peux avoir ton avis sur ... ?	…について意見を聞かせてくれる？
Comment trouves-tu ... ?	…についてどう思う？
Comment est ... ?	…はどうですか？
C'était comment ?	どうでしたか？

💬 Je {le / la / les} trouve 形容詞.　　　　…と思う。

　❶ trouver 名詞＋形容詞としてもよい。

💬 Je trouve que 主語＋形容詞.　　　　…と思う。

　❶ trouver と penser の違いは 144 ページ参照。

❷ 賛成する 🔊 DL042

C'est clair.	そうだよね。
C'est vrai.	本当だね。
C'est sûr.	確かに。
Tu as raison.	その通り。
Je trouve aussi.	私もそう思う。
Je suis d'accord (avec toi).	(あなたに) 賛成だ。
Pareil. / Moi aussi.	一緒だ。／私も。
Tout à fait.	まさにその通り。／ごもっとも。
D'accord. / Je vois. / Je comprends.	なるほど。

❸ 反対する 🔊 DL043

Je (ne) sais pas {bien / trop}. よくわからない。

   ℹ 会話では je sais がつながって chais になる。同じように、je suis は chuis になる。

Je (ne) trouve pas. / Moi, non. / Pas moi. 私はそう思わない。

Je ne suis pas (du tout) d'accord (avec toi). （まったく）（あなたに）賛成しない。

   ℹ du tout は強調するときに使う。

❹ 印象を伝える 🔊 DL044

C'est pas ma tasse de thé. 私の好みではない。

C'est pas mon truc. 私の好みではない。

   ℹ truc は口語で chose「もの」を意味する。

C'est chiant ! ［親しい間で］つまらない！／面倒くさい！

C'est nul. ［質が］よくない。／楽しくない。

C'est {naze / pourri}. ［親しい間で］［質が］よくない。／楽しくない。

   ℹ pourri は「腐敗した」という意味。

C'est énorme. すごい。

   ℹ もともと「膨大」という意味で、口語では主に驚いたとき「すごい」、「素晴らしい」という
   意味で使う。

C'est génial. / C'est super. すごい。／すばらしい。

C'est {splendide / magnifique}. ［凝った言い回し］すばらしい。

C'est de la bombe. ［親しい間で］めっちゃいい。

   ℹ bombe は「爆弾」。爆発のように印象を残したということを表す。

Tu vas aimer ! あなたも好きになるでしょう！

Qu'est-ce que 主語＋動詞 / Comme 主語＋動詞 なんて…だ

Quel 名詞！ なんて…だ！

❺ 会話を広げるひと言 🔊 DL045

pour 人 …にとって

à mon avis, 私の考えでは、

(J'en ai) Aucune idée. 見当がつかない。／まったくわからない。

➡解答 P.126

Exercices 練習しましょう

①　例のように下線部を代名詞にして文を書き換えましょう。

例　　主語　　：Jean est où ? → Il est où, Jean ? (il = Jean)

　　　目的語　：Tu as vu le film ? → Tu l'as vu, le film ? (l' = le film)

1. Tu as pensé quoi du restaurant ?
   レストランはどうだった？

   → _____

2. La photo te plaît ?
   その写真はあなたの気に入っている？

   → _____

3. Ta nouvelle école est comment ?
   あなたの新しい学校はどう？

   → _____

4. Tu as trouvé le pain comment ?
   パンはどうだった？

   → _____

5. Vous trouvez le film intéressant ?
   その映画が面白いと思う？

   → _____

②　音声を聞いて下線部をうめましょう。　🔊 DL046

Genya　：Alors, t'en as _____ _____ ____ Paris ?

Ayako　：J'ai _____ ____ génial ! _____ _____ c'est beau !

Genya　：_____ _____ ! Les bâtiments sont superbes. T'es allée au
　　　　　Louvre ?

Ayako　：Oui, bien sûr. _____ immense musée !

Genya　：Oui, _____ bien _____. Et c'était comment ?

Ayako　：J'ai adoré ! Mais je n'ai pas eu le temps de tout visiter.

Genya　：_____ _____. ____ _____ retourner en France bientôt ?

Ayako　：Oui, mais la prochaine fois, ___ _____ _____ ce sera en été !

Genya　：_____ _____ ! Il fait froid et gris en hiver.

40

7 外見や性格を説明する

タイプは？ 🔊 DL047

Erina : C'est quoi ton type d'homme, toi ?

Haruka : Moi, j'aime les hommes cultivés, ouverts d'esprit, romantiques, et qui sont sûrs d'eux sans être arrogants. Et toi ?

Erina : Moi, je préfère les hommes un peu timides, intelligents, et qui ont le sens de l'humour. Par contre, je déteste les coureurs de jupon !

Haruka : Je vois ! Et physiquement ?

Erina : Physiquement, j'aime les hommes grands, sportifs, et blonds. J'aime pas les hommes trop minces ou trop gros. Et toi ?

Haruka : Moi, j'adore les châtains aux yeux bleus ! La taille m'importe peu.

Erina : D'accord. Ah, au fait, comment est-ce que tu trouves le frère d'Aya ?

Haruka : Je ne l'ai vu qu'une fois, mais je trouve qu'il est pas très beau. En plus, il fait vieux et triste. Pourquoi ?

Erina : C'est mon nouveau petit copain...

和訳

エリナ：ハルカの男のタイプって何？

ハルカ：私は教養があって、視野が広くてロマンチックでいて、うぬぼれずに自信のある人がいい。エリナは？

エリナ：私はちょっとシャイで、賢くてユーモアのある人がいい。だけど、軽い人はいやだ！

ハルカ：なるほどね！　外見は？

エリナ：外見はそうね、背が高くて、運動が好きで、金髪の人がいいな。やせすぎの人や太っている人はいやだ。ハルカは？

ハルカ：あたしは髪の毛が茶色で目の青い人が大好き！　身長はどうでもいい。

エリナ：そうだね。あ、ちなみに、アヤのお兄さんはどう思う？

ハルカ：一回しか会ったことないけど、あまりかっこよくないよね。しかも、老けて見えるし、悲しい感じがする。どうして？

エリナ：彼は私の新しい恋人だからさ…。

Phrases Clés キーフレーズをチェック

❶ 外見　🔊 DL048

Il est comment physiquement ?	外見はどんな人ですか。
avoir {le / la / les} 身体の部位 ＋ 形容詞	［身体の部位が］…だ
porter ＋ 服・帽子・靴・眼鏡など	…を着ている／身に着けている
Tu mesures combien ? / Tu fais quelle taille ?	身長はいくつですか。
💬 Je {fais / mesure} un mètre 数字 .	身長は1m…センチです。
Tu pèses combien ?	体重はいくつですか。
💬 Je {fais / pèse} 数字 kilos.	体重は…キロです。
avoir du charme	魅力がある
avoir de jolis yeux	目がきれい
avoir un beau sourire	笑顔がすてき
faire 形容詞	…の感じがする
Il fait plus jeune (que son âge).	彼は（年齢より）若く見える。

❷ 外見についての形容詞

beau (belle) ≠ moche / laid(e)	美しい／ハンサム≠ぶさいく
canon	超イケメン／超美人
bien fait(e) / bien foutu(e)	スタイルがいい
mince ≠ enrobé(e)	やせている≠ぽっちゃりしている
maigre ≠ gros (grosse)	がりがり≠太っている
âgé(e) ≠ jeune	年をとっている≠若い

   ❶ vieux も「年をとった」の意味だが、ふつうは丁寧な âgé を使う。

musclé(e) / costaud ≠ gringalet	筋肉がある≠筋肉がない
élégant(e) ≠ ringard / vieux jeu	おしゃれ≠ださい
blond(e) / châtain / brun(e) / roux (rousse)	［髪の色］金髪／ブラウン／黒／赤

   ❶ 好みを言うには J'aime les brun(e)s.「私は髪の毛が黒い人が好き」などと言う。

   ❶ 髪の毛の色とあわせて目の色も言うことが多い。Il est brun aux yeux verts.「彼は髪が
黒くて目の色が緑だ」この前置詞 à は特徴を表す。

avoir les cheveux poivre et sel	ゴマ塩頭

❶直訳すると「塩こしょうの髪を持つ」という意味を表す。

❸ 性格　🔊 DL049

il / elle est 形容詞	…な人だ
C'est quelqu'un de 形容詞.	…な人だ。
Intérieurement, c'est une personne 形容詞.	内面としては、…な人だ。

❶形容詞の代わりに動詞を使う場合は c'est quelqu'un qui...

avoir {bon / mauvais} caractère	性格がいい／悪い
avoir le sens de l'humour	ユーモアがある
un coureur de jupon	浮気性

❹ 性格についての形容詞

gentil(le) / sympa / aimable ≠ méchant(e) / mesquin(e) 　優しい≠意地悪な

joyeux(se) / avoir le sourire / souriant ≠ triste / déprimant(e)

陽気な≠陰気な

❶déprimant は「落ち込ませる」という意味でかなり強いニュアンスになる。

égoïste ≠ généreux(se)	わがまま≠気前がいい
superficiel(le) ≠ naturel(le) / vrai(e)	うわべだけの≠自然な
franc(he) ≠ hypocrite	正直／フランクな≠偽善的な
bavard(e) ≠ pas bavard(e) / ne parle pas beaucoup	おしゃべり≠無口
matûre ≠ gamin(e) / immature / puéril(e)	大人っぽい≠子どもっぽい／幼稚な

❶gamin は口語体で「子ども」の意味。Il est gamin. 「彼は幼稚です」 ≠ C'est un gamin. 「彼は子どもです」

marrant(e) / drôle / rigolo(te) ≠ pas marrant(e) / pas drôle

面白い≠面白くない

modeste ≠ arrogant(e) / orgueilleux(se)	腰が低い≠うぬぼれた／鼻が高い
intelligent(e) ≠ bête / con(ne)	知的≠ばかな
ouvert(e) d'esprit ≠ fermé(e) d'esprit	開放的≠狭量な
paresseux(se) / feignant(e) / fainéant(e) ≠ travailleur(se)	怠け者≠頑張り屋

❶faignant は日常会話でよく使われる。

calme ≠ nerveux(se)	落ち着いた≠神経質な
timide ≠ être sûr(e) de soi	シャイな≠自信のある

Exercices 練習しましょう

① 音声を聞いて下線部をうめましょう。 🔊 DL050

Paul : T'as un nouveau petit ami ? Il est comment _____ ?

Gaëlle : C'est _____ qui a beaucoup de charme. Il est châtain _____ yeux bleus, et il _____ 1 mètre ____.

Paul : Et _____ ?

Gaëlle : C'est ____ _____ calme et modeste. Il a aussi le _____ ____ _____. C'est très important pour moi. Par contre, il a un peu _____ _____.

② 日本語をフランス語に訳しましょう。

1. 彼女は外見的にどんな人？ －とても色気があります。

   _____

2. 私はユーモアのある男の人の方が好き。

   _____

3. 彼はやせていて、おしゃれで笑顔がとても素敵。

   _____

4. 身長は何センチですか。－ 176 センチです。

   _____

5. 彼は腰が低くて、面白くて、陽気な人です。

   _____

③ 自分がどんな人かを説明しましょう。

1. 自分の長所と短所を書きましょう。

   Je suis plutôt quelqu'un de［長所］_____
   _____ mais je suis［短所］_____
   _____

2. 自分の外見を説明しましょう

   Je mesure _____ , j'ai les cheveux _____ et les
   yeux _____

8 | 趣味について話す

いろいろな趣味　🔊 DL051

Jean-Luc : Tu fais quoi de ton temps libre ?

Marie : Je fais beaucoup de sport !

Jean-Luc : Ah oui ? Quoi comme sport ?

Marie : Je fais du volley tous les mardis soir. Et le weekend, environ deux fois par mois, je fais de la rando avec des amis.

Jean-Luc : T'es active, dis-donc ! Et à part le sport, t'as d'autres passe-temps ?

Marie : J'aime beaucoup dessiner. Et dès que j'ai un peu de temps libre, j'adore me plonger dans des romans policiers ! Et toi, t'as des loisirs ?

Jean-Luc : Moi, je fais de la guitare depuis que j'ai cinq ans ! Ça fait donc plus de 20 ans que j'en fais. La musique, c'est ma plus grande passion. Je suis dans un groupe aussi. On joue surtout du métal. Sinon, à part ça, j'ai récemment commencé à peindre. Ça fait du bien, ça me détend !

Marie : J'imagine, oui. Comparé au métal, ça doit te détendre !

和訳

ジャン・リュック：暇な時間は何してるの？
マリー　　　　：いっぱい運動するよ！
ジャン・リュック：あ、そうなんだ？　どんなスポーツ？
マリー　　　　：毎週火曜日の夜にバレーボールを
　　　　　　　　やってる。週末には月に2回ぐら
　　　　　　　　い友達と一緒にハイキングするの。
ジャン・リュック：アクティブだね！　運動のほか
　　　　　　　　に趣味はある？
マリー　　　　：絵を描くことが大好き。あと、
　　　　　　　　暇さえあれば推理小説に没頭する
　　　　　　　　のも大好き！　ジャン・リュック
　　　　　　　　も趣味ある？

ジャン・リュック：僕はね、5歳からギターを弾いて
　　　　　　　　いるよ！　もう20年以上やって
　　　　　　　　る。音楽って僕の生きがいなんだ。
　　　　　　　　バンドにも所属してる。主にメタ
　　　　　　　　ルを演奏するよ。音楽以外は、最
　　　　　　　　近絵を描き始めたんだ。気が和ら
　　　　　　　　ぐし疲れがとれる！
マリー　　　　：確かに。メタルに比べたら気が
　　　　　　　　ほぐれるはずよ！

Phrases Clés キーフレーズをチェック

❶ 趣味について話す 🔊 DL052

C'est quoi tes {loisirs / passe-temps} ?	趣味は何？
Quels sont tes centres d'intérêt ?	何に興味がありますか。
Tu fais quoi de ton temps libre ?	暇なときは何をしているの？
💬 J'adore voyager un peu partout.	あちこち旅行するのが好きです。

❶ J'adore + {動詞 / 名詞}「…が大好き」

💬 Je {fais / joue} du piano.	ピアノを弾きます。
💬 Je fais de la randonnée.	ハイキングをします。

❶ スポーツ、趣味、楽器などをするというときは faire 部分冠詞 + 名詞

❶ jouer 部分冠詞 + 楽器「…を演奏する」

💬 Je fais {du foot / du baseball / de la danse}.	サッカー／野球／ダンスをします。
💬 Je joue à la pétanque.	ペタンクをする。
💬 Je joue aux échecs avec mon grand-père.	おじいちゃんとチェスをする。

❶ jouer à + ゲーム／球技「…をする」

Tu as des passions ?	熱中している？
💬 Je suis passionné(e) de cinéma.	映画に夢中です。

❶ passionné de のあとの名詞は無冠詞。

❶ 強調するときは un(e) grand(e) passionné(e) となる。

❷ 頻度を表現する 🔊 DL053

Je vais en France deux fois par an.	年に2回フランスに行く。

❶ 数字 + fois par 期間（年・週など、単数形）で「…の期間に〜回」

Je fais du foot tous les dimanches après-midi.

毎週日曜日の午後にサッカーをする。

❶ tous les (数字) 期間（複数形）で「毎…に」：Je vais à la mer tous les ans. 「私は毎年海に行く」Je vais chez le coiffeur tous les deux mois. 「私は2か月ごとに美容院に行く」Je fais les courses tous les trois jours. 「私は3日ごとに買い物をする」

Je vois (très) souvent mes amis.	友達によく会っている。

dès que j'ai un peu de temps libre	暇さえあれば
un lundi sur deux	2週間に一度月曜日に
chaque 単数名詞	毎…

❸ 期間を表現する 🔊 DL054

depuis {que je suis enfant / mon enfance}	子どもの頃から
depuis que j'ai 9 ans	9歳のときから

   ❶ depuis que のあとの動詞は現在形に活用することに注意。

Ça fait deux ans que je fais de la peinture.	絵を描いて2年になります。

   ❶「いつから」よりも「続けている期間」を強調する表現。

Récemment, j'ai commencé à ...	最近、…し始めた。

❹ 会話を広げるひと言 🔊 DL055

J'aime toucher à tout.	何でもやってみるのが好き。
Je suis à fond dans ...	…に夢中。
Et / Sinon à part ça ?	それ以外は？
💬 C'est tout !	これで全部！
💬 Après / Ensuite,	それから、
Je n'ai pas vraiment de loisir.	あまり趣味がない。

趣味といえば…

日本人が趣味に挙げることでも、フランス人からすると趣味と言えない、ということがあります。たとえばショッピング。みんな買い物をするので、趣味としてみなされていません。ほかに、絶対にフランス人に趣味と言わない方がいいのは、お酒。Tu as des loisirs ? という質問に J'adore boire de l'alcool. などと答えたら、アルコール中毒ではないかとびっくりされます。フランスで趣味として人気があるのはトランプのブロット、ウノ、タロット、チェス、ペタンクなどでしょうか。

En france
フランス
では・・・

Exercices 練習しましょう

① 音声を聞いて下線部をうめましょう。 🔊 DL056

1. _____ _____ longtemps que tu fais du foot ? — _____ _____ j'ai 17 ans.

2. Ma mère va chez le coiffeur _____ ____ _____ _____.

3. Tu fais de la guitare _____ combien de temps ? — ____ ____ 2 mois.

4. Je joue aux échecs _____ le lycée. J'y joue _____ ___ _____ après-midi.

5. Je cours au moins _____ _____ ___ _____.

② 音声を聞いて下線部をうめましょう。次に会話の内容についての文が正しければ Vrai、間違っていれば Faux に○をつけましょう。 🔊 DL057

Valérie : Qu'est-ce que tu fais _____ _____ _____ libre ?

André : _____ _____ j'ai déménagé à la campagne, je _____ ___ cheval deux _____ ____ mois. Je _____ _____ ___ ___ _____ avec des amis environ _____ ___ mois.

Valérie : D'accord, et __ _____ le sport ?

André : Je suis _____ ____ cinéma ! Je regarde beaucoup de films, à peu près 10 films _____ _____. Et toi, t'as _____ _____ ?

1. André regarde environ 40 films tous les mois.   Vrai / Faux
2. André fait du cheval une fois tous les mois.   Vrai / Faux

経験について話す

行ったことある？　🔊 DL058

Sophie : T'es déjà allé à Rocamadour ?

Loïc : Le célèbre village dans le sud de la France, c'est ça ? Non, pas encore, mais j'aimerais bien y aller un jour !

Sophie : Tu devrais ! C'est super joli. J'y allais souvent avec mes parents quand j'étais gosse.

Loïc : Ah oui ? J'essaierai alors. Mais je suis super occupé en ce moment. Y a longtemps que j'ai pas pris de vacances.

Sophie : C'est vrai, oui. Avant, avec ton ancien boulot, on avait l'habitude de partir ensemble pour le weekend. Maintenant, t'as plus le temps. Tu te souviens quand on était partis en Corse ?

Loïc : Oui, évidemment ! Ce fut des moments inoubliables ! Que de beaux souvenirs. Je regrette de ne pas avoir plus voyagé avant. Maintenant, je me fais un peu vieux...

和訳

ソフィー ：ロカマドゥールに行ったことがある？
ロイック ：南仏の有名な村だっけ？　いや、まだ行ったことないけど、いつか行ってみたい。
ソフィー ：行かないと！　めっちゃきれいなところだよ。子どもの頃、両親とよく行ったんだ。
ロイック ：そう？　じゃあ、行ってみるよ。でも今とっても忙しいんだ。しばらく休暇を取ってない。

ソフィー ：そうだね。前の仕事のときは週末に一緒によく出かけてた。今はもうその時間がない。コルシカ島に行ったときのことを覚えてる？
ロイック ：もちろん！　あのときのことは忘れられない！　いい思い出でいっぱい。その前にもっと旅行をしておくんだった。今はちょっと歳とっちゃった…。

Phrases Clés キーフレーズをチェック

❶ したことがある／ない（経験）　🔊 DL059

T'es déjà allé(e) en France ?　　　　　　　フランスに行ったことがある？

💬 Oui, j'y suis déjà allé(e) plusieurs fois.　うん、何回も行ったことがあるよ。

💬 Non, j'y suis jamais allé(e).　　　　　いや、行ったことがない。

　　❶ 複合過去＋ déjà「したことがある」。複合過去＋ jamais「したことがない」

💬 Non, pas encore.　　　　　　　　　　いや、まだない。

❷ はじめて…する　🔊 DL060

C'est la première fois que ...　　　　　　…するのははじめて。

J'y vais pour la première fois le mois prochain.　来月はじめてそこに行く。

　　❶ 強調する場合は pour la première fois de ma vie と言う。

En 2013, c'était la première fois que j'allais à Paris.

　　　　　　　　　　　　　　　　　2013 年に、パリにはじめて行った。

❸ 久しぶりに…する　🔊 DL061

Il y a longtemps que je n'ai pas pris l'avion.　　久しぶりに飛行機に乗る。

　　❶ que の後は複合過去の否定形。「長い間…していない」＝「久しぶりに…する」と考える。

　　❶ il y a の il は口語では頻繁に省略して y a になる。

　　❶ longtemps の代わりに un bail / un moment も口語でよく使う。

Ça fait longtemps que je n'ai pas pris l'avion.　　久しぶりに飛行機に乗る。

　　❶ que の後を肯定形にすると意味が変わる。Ça fait un moment qu'il est parti.「彼はだいぶ前に出発した」

(Il) Y avait longtemps que j'avais pas pris l'avion.　久しぶりに飛行機に乗った。

　　❶ avoir 半過去 que＋ 否定形大過去にすると「久しぶりに…した」となる。

50

❹ 昔の習慣を思い出す 🔊 DL062

J'adorais jouer avec mon chien.　　　　　　　イヌと遊ぶのが好きだった。

    ❶ 昔の習慣など、過去のある時点で続いていることについて話すときは半過去を使う。

Quand j'étais {gosse / enfant / petit(e)},　　　子どものときは、

    ❶ gosse は enfant のくだけた言い方。

étant petit(e),　　　　　　　　　　　　　　　子どものときは、

Tu te {souviens / rappelles} quand ... ?　　…のときのことを覚えてる？

💬 Oui, bien sûr. Je m'en souviens comme si c'était hier !

                もちろん。昨日のことみたいに覚えてるよ。

💬 Non, je m'en souviens plus.　　　　　　ううん、もう覚えてない。

💬 J'ai oublié.　　　　　　　　　　　　　　もう忘れた。

{Avant / Autrefois / Auparavant}, ... Maintenant, ...　昔は…。今は…。

Plus maintenant.　　　　　　　　　　　　　今はちがう。

à l'époque　　　　　　　　　　　　　　　　当時は

J'avais l'habitude de 動詞.　　　　　　　　…する習慣があった。

Que de beaux souvenirs.　　　　　　　　　いい思い出ばかり。

    ❶ que = seulement / juste

    ❶ 不定冠詞 des は形容詞の前では de になる。des souvenirs → de beaux souvenirs

On a passé des moments inoubliables.　　　忘れられないときを過ごした。

Je n'oublierai jamais cette soirée !　　そのパーティーのことは絶対忘れない！

C'était de la folie !　　　　　　　　　　　最高だった！

2 章
自分や身の回りの人に
ついて

51

Exercices 練習しましょう

➡解答 P.128

① 音声を聞いて下線部をうめましょう。 🔊 DL063

1. T'es _____ allé en Corse ? — Non, _____ _____ mais c'est prévu.

2. Après-demain, je vais à Paris _____ _____ _____ _____.

3. Tu te _____ _____ on s'est rencontrés ?

4. _____, j'adorais prendre des photos, mais _____ _____.

5. ___ _____, j'étais très sportif.

6. Je prends l'avion demain pour la _____ _____ ___ ___ _____ !

② 日本語からフランス語に訳しましょう。

1. 彼らはウサギを食べたことがあるの？

   _____

2. 子どもの頃、友達と遊ぶのが大好きだった。

   _____

3. だいぶ前に着いたの？

   _____

4. 私は久しぶりに友達と会った。

   _____

5. 昔はたくさんスポーツしていた。

   _____

6. 私はパリに行ったことがない。明日はじめて行く！

   _____

7. 昔は、テレビをよく見てたけど、今はそうでもない。

   _____

表現のバリエーション

話題を変える

[話題を変える]

alors
さあ／ところで

会話を始めたり、話の続きを求めたりする時に使う。Alors, on y va ?「さあ、行こうか」
Alors, comment va ta mère ?「ところで、お母さんは元気かい」

et sinon
ちなみに、ところで

Et sinon, comment se passe ton nouveau travail ?「ちなみに、君の新しい仕事は順調?」

à part ça
それを除けば

À part ça, t'es allé au cinéma récemment ?「それはおいといて、最近映画に行った?」

bref
要するに

もともと「つかの間、簡潔」という意味で、あいづちとしては話題を終えたいときに使う。
enfin bref とも言う。J'en ai marre... Bref, ça va toi sinon ?「もう嫌だ…っていうか、君は元気?」

enfin
要するに

J'aime la peinture, la sculpture, enfin tout ce qui touche à l'art.「私は絵と彫刻が好き、要するに
芸術に関わるものが好き」

ou quoi
それともどうなんだ

親しい間での表現。Tu viens ou quoi ?「来るかい、それともどうなんだい?」

déjà
…だっけ?

文末に置く。Tu habites où, déjà ?「どこに住んでいるっけ?」

en plus
しかも

書き言葉だと、de plus を使う。

j'arrive (de suite) / je reviens (de suite)
（すぐ）戻る

deux secondes
ちょっと待って／すぐ戻る

親しい間での表現。直訳は「2秒」ですぐ戻るということ。

表現のバリエーション

くだけた会話での表現

くだけた表現、俗語は日常会話でよく使いますし、映画やドラマでも必ず登場します。自分で使うことはなくても、参考までに知っておくと役立ちます。

foutre
mettre, poser, faire と同じ意味で使う

Qu'est-ce que tu fous ? 「お前は何してんの？」

Où est-ce que j'ai foutu mes clés ? 「鍵をどこに置いちゃった？」

s'en foutre de... / en avoir rien à foutre de...
…はどうでもいい／なんとも思わない

Jules s'en fout d'arriver en retard en cours. 「ジュールは授業に遅れることをなんとも思わない」

J'en ai rien à foutre de ce que tu penses. 「お前がどう思っているかはどうでもいいぞ」

foutre le camp
ずらかる

J'ai foutu le camp avant que ses parents rentrent. 「彼の両親が帰る前にずらかった」

foutre la paix
ほっとく

Tu peux pas me foutre la paix deux secondes ? J'essaie de me concentrer ! 「ちょっとだけでもほっといてくれない？　集中しようとしているんだ」

foutre la merde
騒ぎを起こす／混乱させる

Luc a foutu la merde pendant la soirée. 「リュックはパーティーの間騒いだ」

être foutu
もうだめだ

La rando est foutue demain... Il pleut toute la journée ! 「明日のハイキングはもうだめだ。一日中雨だよ」

faire le con / jouer au con
ばかなことをやる

Ne fais pas le con avec elle, ou alors tu la perdras. 「彼女にばかなことをしないで。さもないと、彼女を失うよ」

à la con
ばかげた

Quelle excuse à la con ! 「なんてばかげた言い訳！」

🔊 DL064

Marie　　：Salut Jérôme, ça va ? Ça fait un bail !

Jérôme　：Salut. Bien, bien, et toi ?

Marie　　：Bien, merci. Dis-moi, t'as rien de prévu ce samedi soir ?

Jérome　：Euh, normalement non, je crois. Pourquoi ?

Marie　　：Je fais une petite fête chez moi pour célébrer mon nouveau boulot. Ça te dit de venir ?

Jérôme　：Pourquoi pas. Je peux inviter une amie ?

Marie　　：Pas de souci. Ce sera donc chez moi, à partir de 19h30. Ça te va ?

Jérôme　：Ça roule. Je dois apporter quelque chose ?

Marie　　：Non, pas besoin. Par contre, je demanderai une petite participation, pas grand chose. Quelque chose comme 5 euros.

Jérôme　：Ah ok. Ça marche. On sera combien environ ?

Marie　　：Si tout le monde vient, on sera une dizaine !

Jérôme　：Cool ! Ça me tarde, ça fait longtemps que je me suis pas amusé !

3章
人付き合い

和訳

マリー　　：やあジェローム、元気？　久しぶりね！

ジェローム：やあ。元気だよ、マリーは？

マリー　　：元気よ。ねえ、今週土曜日の夜は何も予定ない？

ジェローム：あ、うん、何もないはず。なんで？

マリー　　：新しい仕事のお祝いで、家でちょっとしたパーティーをするの。来る？

ジェローム：いいね。友達を誘ってもいい？

マリー　　：大丈夫。私の家で、19時30分からよ。それでいい？

ジェローム：了解。何か持っていく？

マリー　　：ううん、必要ないよ。でも少し参加費をお願いするわ。本当に少し、5ユーロくらい。

ジェローム：オッケー、わかった。何人くらいになる？

マリー　　：全員来れば、10人くらいよ！

ジェローム：いいね。遊ぶのは久しぶりだから楽しみ！

Phrases Clés キーフレーズをチェック

❶ 都合を尋ねる 🔊 DL065

Tu es libre ce weekend ?	今週末暇な時間ある？
Tu as du temps libre ce weekend ?	今週末空いてる？
Tu as rien de prévu ce weekend ?	今週末何か予定ある？

> ❶ rien de 形容詞で「～なものはなにもない」。形容詞の前に de が必要なことに注意。他に quelque chose, quoi, personne, qui も同じ使い方をする。Quoi de neuf ?「最近変わったことは？」 Rien de spécial.「別に何も」 Je n'ai rencontré personne d'intéressant hier.「昨日は面白い人とは誰も知り合わなかった」

Tu as prévu quelque chose ce weekend ?	今週末何か予定している？

> ❶ この prévu は prevoir「予定する」の過去分詞。

💬 (Je n'ai) Rien de prévu pour l'instant.	今のところ何も予定はない。
Normalement, je suis libre.	たぶん空いてる。

> ❶ normalement は「意外なことが起こらなかったら」という意味。

💬 Il faut que je vérifie mon emploi du temps.	仕事のスケジュールを確認しないと。
Je suis pris, désolé(e). Pourquoi ?	用事があるんだ、ごめん。なんで？

> ❶ 誘いを断っても理由を聞くのがマナー。

Je ne suis pas disponible samedi, mais dimanche je suis libre.	
	土曜日は時間がないけど、日曜日は空いてる。
Ce sera pour la prochaine fois !	次回こそ！
Ce n'est que partie remise !	次回こそ！

❷ 提案する 🔊 DL066

Ça {te / vous} dit { 名詞 / de 動詞 } ?	…はどう？／…するのはどう？

> ❶ 条件法を使うと丁寧な表現になる。Ça vous dirait ?

Ça t'intéresserait de ... ?	…はどう？
Qu'est-ce que {tu dirais / vous diriez} de ... ?	…はどう？／…するのはどう？
Tu veux ... ?	…しようか？
💬 Avec grand plaisir. / Volontiers. / Avec joie.	喜んで。

😅 Pourquoi pas. いいね。

😅 Je veux bien. ぜひ。

❶ Je veux. とだけを言うのははっきりしすぎて失礼にあたるので、bien をつける。

😅 Ça ne me dit rien. 興味ない。

😅 J'aimerais bien, mais je sais pas encore si je pourrai.

行きたいけど、行けるかまだわからない。

😅 Je te tiens au courant. 知らせるね。

❶ 口語では au courant の代わりに au jus もよく使う。Je te tiens au jus !

😅 Ç'aurait été avec plaisir, mais je suis pris(e) ce jour-là.

ぜひ行きたかったけれど、その日は予定があります。

😅 Merci pour l'invitation, mais j'ai déjà quelque chose de prévu.

お誘いありがとう、でももう予定が入っているんだ。

❸ 約束の詳細について 🔊 DL067

Quelles sont tes disponibilités ? いつが都合がいい？

{C'est quoi / Quel est} le lieu du rendez-vous ? 待ち合わせ場所はどこ？

On se retrouve où ? どこで合流する？

On se donne rendez-vous où ? どこで待ち合わせる？

😅 (On se retrouve) Devant le cinéma à 19 heures, d'accord ?

19 時に映画館の前で、オッケー？

Qui (d'autre) vient ? / Il y aura qui (d'autre) ? （ほかに）誰が来る？

On sera combien ? 何人来る？

❶ 将来の予測なので être は未来形になっている。

Je peux inviter un(e) ami(e) ? 友達を誘ってもいい？

Ça te va ? これで大丈夫？

😅 Ça me va ! / Parfait ! 大丈夫！／完璧！

😅 On ne pourrait pas plutôt se retrouver { 場所 / 時間 } ?

…で／…に待ち合わせできない？

Tiens-moi au courant ! 知らせてね！

Je vous rejoins plus tard. 後で合流する。

Donner rendez-vous à ... …と会う約束をする。

57

Exercices 練習しましょう

→解答 P.129

① 次のフランス語の文を、指定された語を使って言い換えましょう。

1. Tu n'as rien de prévu samedi prochain ?（使う単語　quelque chose）

_____

2. Ça te dirait d'aller à la piscine avec nous ?（使う単語　intéresserait）

_____

② 質問に答える文をつくりましょう。

1. Tu es libre ce soir ?

受け入れる場合　　　_____

受け入れない場合　　_____

2. Tu veux venir avec nous à la patinoire ?

受け入れる場合　　　_____

受け入れない場合　　_____

③ 音声を聞いて下線部をうめましょう。　　◀) DL068

Valérie　: Salut ! Tu es _____ ce dimanche ?

André　　: _____ oui, mais c'est pas encore sûr. Pourquoi ?

Valérie　: ____ ____ _____ une petite randonnée ?

André　　: Ah oui, _____ _____ !

Valérie　: Super ! Tu me _____ ____ _____ de tes _____ alors ?

André　　: Ça marche ! Je vais _____ _____ _____ du temps.

お願いをする

ちょっとお願い 🔊 DL069

Marine : Ah, Laurent, tu tombes bien ! Je peux te demander un petit service ?

Laurent : Je t'écoute. Qu'est-ce que c'est ?

Marine : Tu pourrais m'amener à l'aéroport samedi ? Je vais au Japon pour une semaine.

Laurent : Pas de souci !

Marine : Je savais que je pouvais compter sur toi ! T'es un ange !

Laurent : C'est normal ! Les amis, c'est fait pour ça.

Marine : En même temps, ça te dérangerait pas de venir t'occuper de mes animaux pendant que je serai au Japon ?

Laurent : Ah, euh, d'accord...

Marine : Super ! Tu m'enlèves une épine du pied. Aussi, est-ce que tu pourrais tondre la pelouse ? Je la trouve un peu longue.

Laurent : T'exagères pas un peu ? Je veux bien être gentil, mais y a des limites !

和訳

マリン : あ、ローラン、ちょうどいいわ！ちょっとお願いがあるんだけど。

ローラン : 喜んで。何でしょう？

マリン : 土曜日に空港に連れていってくれる？　一週間日本に行くの。

ローラン : 問題ないよ！

マリン : さすが頼りにできるよね！　とてもやさしいんだから。

ローラン : 普通だよ。友達ってこんなもんだから。

マリン : それから、日本にいる間は私の動物の世話をしに来てくれる？

ローラン : あ、オッケ…。

マリン : すごい！　本当に助かるわ。ついでに、芝生も刈ってくれる？　ちょっと長くて…。

ローラン : あのね、頼みすぎじゃない？　やさしさにも限界があるよ！

Phrases Clés キーフレーズをチェック

① お願いに導く表現 🔊 DL070

Ah, tu tombes bien !　　　　　　　　　あ、ちょうどいいタイミング！

💬 Qu'est-ce qui se passe ?　　　　　　　どうしたの？

💬 Qu'est-ce qu'il y a ?　　　　　　　　どうしたの？

Ah, je voulais te demander...　　あ、ちょっと聞きたかったんだけど…。

Je peux te demander un service ?　ちょっとお願いしてもいいですか？

Tu peux me rendre un service ?　ちょっとお願いしてもいいですか？

J'ai un (petit) service à te demander.　（ちょっと）お願いしたいことがあるんです。

Tu peux m'aider s'il te plaît ?　　　　　手伝ってくれる？

Tu peux me donner un coup de main ?　　手伝ってくれる？

💬 Je t'écoute, qu'est-ce que c'est ?　　喜んで、何ですか？

💬 Je suis désolé(e), mais je n'ai pas le temps.　ごめんなさい、時間がないんです。

💬 Ça ne peut pas attendre ?　　　　　　待てないの？

② お願いする 🔊 DL071

Tu {peux / pourrais} 動詞 ?　　　　　　　…してくれる？

> ❶ お願いするときは pouvoir を使う。tu pourrais, pourriez-vous の順に丁寧になる。
> ❶ お願いするときは最後に s'il te plaît, s'il vous plaît を使うとより丁寧になる。

Ça ne {te dérange / t'embête} pas de 動詞 ?　　…してもらえますか？

Cela ne vous ennuierait pas de 動詞 ?　　…していただいてもかまいませんか。

> ❶ cela は ça と同じだが、ça より丁寧で書き言葉で用いることが多い。

💬 Pas de problème. / Pas de souci.　　問題ないです。

💬 Avec plaisir.　　　　　　　　　　　喜んで。

💬 Bien sûr. / Évidemment.　　　　　　もちろん。

💬 Ça m'arrange pas.　　　　　　ちょっと都合が悪いです。

💬 Ça va être difficile, mais je vais faire ce que je peux.

難しそうだけど、何かできるかやってみる。

🗨 Désolé(e), mais je ne peux pas là. 　　　　　申し訳ないけど、今はできない。

　❶ この là は「今、この時点で」という意味。会話でよく使われる。

🗨 Tu peux pas le faire toi-même ? 　　　　　　自分でできない？

🗨 Je suis désolé(e), mais j'ai peur que ce ne soit pas possible.

　　　　　　　　　　　　　　　　　　　すみませんが、あいにくできません。

❸ お礼の気持ちを伝える 🔊 DL072

Je te dois une fière chandelle. 　　　　　　　　君に借りができた。

Tu me sauves. 　　　　　　　　　　　　　　　助かりました。

　❶ Tu me sauves la vie. とも言える。

Je te revaudrai ça. 　　　　　　　　　　　　いつかお返しするよ。

Je n'oublierai pas (ce que tu as fait pour moi).

　　　　　　　　　　　（私のために君がしてくれたことを）忘れない。

Je savais que je pouvais compter sur toi ! 　　やっぱりあなたは頼りにできる！

Tu m'enlèves une épine du pied. 　　　　　君は窮地から救ってくれた。

3章
人付き合い

❹ 会話を広げるひと言 🔊 DL073

Je veux bien être gentil, mais (il) y a des limites ! 　優しくするにも限度があるよ。

Tu n'exagères pas un peu ? 　　　　　　　ちょっとやりすぎなんじゃない？

Les amis, c'est fait pour ça ! 　　　　　　友達ってこういうものでしょう！

フランス人は皮肉好き

フランス人は日常的に皮肉な言い回しをよく使います。特に文句や冗談を言うときに皮肉な表現を使うことが多いです。しかし、日本人には最初は通じない場合もあるでしょう。フランス人が話す内容に「え、ありえない！」と思ったら、相手は冗談を言おうとしている可能性が高いですね。

En france
フランス
では・・・

Exercices 練習しましょう

① 音声を聞いて答えを聞き取りましょう。 🔊 DL074

1. Tu peux m'apporter un verre s'il te plaît ?
   受け入れる場合 _____
   受け入れない場合 _____

2. Tu pourrais me rendre un petit service ?
   受け入れる場合 _____
   受け入れない場合 _____

② 音声を聞いて下線部をうめましょう。 🔊 DL075

1. Ah Sophie ! Tu _____ bien ! — Qu'est-ce qui se _____ ?

2. Tu _____ me passer le sel s'il te plaît ?

3. Ah, je _____ ___ _____ .

4. Ça t'_____ pas d'éteindre la télévision ?

5. Je peux ___ _____ ___ _____ ? — _____ , mais j'ai pas ___ _____ .

6. Je _____ que je pouvais _____ sur toi .

7. Tu peux ___ _____ un service ? — Je t'_____ .

8. Est-ce que vous _____ faire moins de bruit s'il vous plaît ?

12 | 許可する・禁止する

大聖堂では 🔊 DL076

L'homme : Excusez-moi, ça ne vous dérange pas si je m'asseois à côté de vous ?

La femme : Non, je vous en prie !

L'homme : Je vous remercie ! Je peux vous poser quelques questions ?

La femme : Oui bien sûr, mais parlez doucement, il ne faut pas faire de bruit.

L'homme : Ah, oui, désolé... On a le droit de prendre des photos ?

La femme : Oui, c'est autorisé, mais vous ne pouvez pas utiliser le flash.

L'homme : Je vois... Et peut-on aussi filmer ?

La femme : Vous devez demander l'autorisation d'abord. En général, ils l'autorisent.

L'homme : Ah, c'est super ! ... Et est-ce que je peux vous inviter à boire un café ?

La femme : Ah, je suis désolée, monsieur, mais c'est strictement interdit !

和訳

男性 : すみません、隣に座っても大丈夫ですか。
女性 : うん、大丈夫ですよ。
男性 : ありがとう！ 質問していいですか？
女性 : はい、どうぞ。でも静かに話してください。音をたててはだめですから。
男性 : あ、そうですね、ごめんなさい…。写真を撮ることができますか。
女性 : できますが、フラッシュを使ってはいけません。

男性 : なるほど。ビデオも撮れますか。
女性 : まず許可を得ないといけないです。一般的には、許可されます。
男性 : あ、よかった！ …あの、一緒にコーヒーでも飲みに行きませんか？
女性 : あ、申し訳ありませんが、それは厳禁されています！

Phrases Clés キーフレーズをチェック

❶ 許可を得る　🔊 DL077

Ça ne te dérange pas si je ... ?	…しても大丈夫ですか？
Ça ne t'ennuie pas si je ... ?	…しても大丈夫ですか？
💬 Non, je t'en prie.	はい、どうぞ。
💬 Non, vas-y.	はい、どうぞ。

> ❶ Je t'en prie. は文脈によっていろいろな意味を表す。「どういたしまして」、「どうぞ」、「勘弁してください」など。

> ❶ vas-y は je t'en prie と同じだが、親しい間で使う。

💬 C'est bien parce que c'est toi.	君だからいいよ。
💬 Je suis désolé(e), mais si.	ごめんなさい、でもだめです。

> ❶ 否定の質問文で聞かれたときは、si か non で答える。

Est-ce que je {peux / pourrais} ... ?	…してもいいですか。
Puis-je ... ?	…してもよろしいですか。

> ❶ puis は pouvoir の je の現在形の倒置のときだけに使う形。

Serait-il possible {de / que} ... ?	…ことは可能でしょうか。
💬 Oui je {t' / vous} en prie.	はい、どうぞ。
💬 Bien sûr ! (Ce n'est) Pas la peine de demander.	もちろん！　聞く必要ないですよ。
💬 Je suis désolé(e) mais je ne préfère pas.	申し訳ないですが、それは困ります。

❷ 許されているかを確認する　🔊 DL078

J'aimerais bien ... , c'est possible ?	…したいですが、可能でしょうか？
Est-ce qu'on peut ... ?	…できる？
💬 (Il en est) Hors de question.	論外です。
On a le droit de ... ?	…は許されていますか？
C'est autorisé de ... ?	…は許されていますか？
💬 Oui, tu peux.	はい、できます。
💬 C'est autorisé.	はい、できます。
💬 Vous devez demander l'autorisation.	許可を得ないといけません。

💬 Aucune idée. わかりません。

💬 Non, c'est interdit. いいえ、禁止されています。

💬 Non, on n'a pas le droit (de ...). いいえ、許されていません。

💬 Non, il ne faut surtout pas ! いいえ、絶対にだめ！

❸ 必要性を伝える 🔊 DL079

Tu as besoin de ... 君は…の必要があります。

Il faut que 主語＋動詞［接続法］. 〜は…する必要がある。

Il te faut 動詞 / 名詞 . 君は…（する）必要があります。

Tu dois 動詞 . 君は…しないといけません。

Il est nécessaire que 主語＋動詞［接続法］. 〜は…する必要があります。

❹ 禁じる 🔊 DL080

Il ne faut pas ... …してはいけない。

Tu ne dois pas ... 君は…していけない。

Il est (strictement) interdit de ... …は禁止されている。

On ne peut pas ... …することができない。

On n'a pas le droit de ... …は許されない。

➡解答 P.130

Exercices 練習しましょう

(1) 例にならって文章を作りましょう。

例：sortir de table → Ça te dérange pas si je sors de table ?

1. ouvrir la fenêtre

   → _____

2. changer de chaîne

   → _____

(2) 例にならって文章を作りましょう。

例：apporter à manger → On n'a pas le droit d'apporter à manger.

1. s'asseoir ici

   → _____

2. utiliser le téléphone portable

   → _____

(3) 音声を聞いて下線部をうめましょう。　🔊 DL081

1. Ça te dérange pas ____ j'allume la télé ? — Non, _____-____.

2. Je _____ t'emprunter un stylo ? — Oui, _____ _____.

3. Il ____ _____ de nouvelles chaussures de sport.

4. Il est _____ ____ fumer ici.

5. On n'a pas ____ _____ ____ prendre des photos.

6. Ça ne vous _____ pas si je m'asseois ici ? — Non, je _____

   _____ _____.

時間や期限について話す

試験はいつ？　🔊 DL082

Céliane : Ah, Stéphane, tu tombes bien ! Tu sais quand sont les examens ?

Stéphane : C'est dans deux semaines, à partir du 13 jusqu'au 22.

Céliane : Si tôt ? Mince ! T'en es où dans tes révisions ?

Stéphane : J'en suis qu'au début, et je ne comprends pas grand chose...

Céliane : Chuis grave à la bourre dans mes révisions, moi.

Stéphane : Ça te dit pas qu'on révise ensemble chez moi demain dans l'après-midi ?

Céliane : Bonne idée, ouais ! On pourra parler de tes histoires d'amour en même temps !

Stéphane : Non, ça va prendre trop de temps, on n'a pas le temps pour ça ! 14 heures, ça te va ?

Céliane : Ça me va, oui.

Stéphane : Je sais que tu n'es pas trop ponctuelle, donc essaie d'être à l'heure pour une fois !

Céliane : Mais oui ! Bon, je vais m'acheter à manger et je reviens. J'en ai juste pour quelques minutes.

Stéphane : Ça marche, à de suite.

> **3章**
> 人付き合い

（和訳）

セリアン　：あ、ステファン、ちょうどいいタイミング！　試験はいつか知っている？

ステファン：2週間後に、13日から22日まで。

セリアン　：そんなに早い？　しまった！　復習はどこまで進んだ？

ステファン：まだはじめの方で、それにあまりわかんない…。

セリアン　：私は復習がめっちゃ遅れているよ。

ステファン：明日の午後に僕の家で一緒に勉強すればどう？

セリアン　：うん、名案！　同時にあなたの恋愛についても話せるね！

ステファン：いや、時間がかかりすぎるよ、そんな余裕はない！　14時がいい？

セリアン　：いいよ。

ステファン：君があまり時間を守らないと知っているから、いつもと違って時間どおりに着くようにして！

セリアン　：うん！　よし、食べ物を買いに行って戻ってくる。数分しかかからない。

ステファン：了解。またあとでね。

Phrases Clés キーフレーズをチェック

❶ 日時　🔊 DL083

À quelle heure ?	何時に？
aux alentours de / vers ...	…頃
De quelle heure à quelle heure ?	何時から何時まで？

　❶ de ... ＋ à ... の形で曜日、時間、月、年などの期間を表す。

à partir de ...	…から
jusqu'à ...	…まで

　❶ de ... à ... はセットで使わなければならないが、à partir de と jusqu'à は単独で使える。

Le combien ?	何日？
💬 le 日付	…日
Du combien au combien ?	何日から何日まで？
💬 du 日付 au 日付	…日から…日まで
De quand à quand ?	いつからいつまで？
en début de ...	…のはじめに
en mileu de ...	…の半ばに
en fin de ...	…の終わりに

　❶ 上記の 3 つの表現は、ある程度の長さの期間を表す。de の後は無冠詞の名詞。

au début (de ...)	（…の）はじめは

　❶ en debut と異なり、ある時点を表し、de の後は定冠詞の名詞。de を続けずに単独でも使える。

dans ...	…中に

　❶ 続く語には定冠詞をつけることに注意。dans la matinée, dans l'après midi

❷ 前・後　🔊 DL084

dans ... heures	…時間後に
dans pas longtemps	もうすぐ／近いうちに

　❶ 会話で bientôt のかわりによく使う。

il y a 時間 / 期間	…前に
Plus tard.	またあとで。
Tout à l'heure.	ついさっき／またあとで。

　❶ 文脈によって「少し前」と「少しあと」のどちらを表すのにも使える。

❸ 所要時間 🔊 DL085

En combien de temps ?	どのくらいの時間をかけて？
En une heure.	1時間で。
Tu en as pour combien de temps ?	君はどのくらいの時間がかかる？
Tu vas mettre combien de temps pour faire ça ?	それをするのにどのくらいの時間がかかるの？
💬 J'en ai pour 時間.	…かかる。
Tu en es où (dans ...) ?	（…は）どこまで進んだ？
💬 J'en suis {au début / au milieu / à la fin}.	{はじめ／真ん中／最後} まで進んだ。

❹ 遅れる・早く

être en retard (de 時間)	（…時間）遅れている
être à la bourre (de 時間)	（…時間）遅れている
être en avance (de 時間)	（…時間）早い
être (pile) à l'heure	きっかり時間通りに

ℹ 上記の4つの表現の場合、être のほかに arriver, finir などの動詞も使える。

avoir 時間 + de retard	…時間遅れている
avoir 時間 + d'avance	…時間早い
commencer avec 時間 {d'avance / de retard}	…進んで／…遅れて始める
arriver / finir à temps	間に合うように着く／終える
être ponctuel(le)	時間を厳守する

❺ 会話を広げるひと言 🔊 DL086

Le temps passe vite.	時間が経つの速い。
J'ai pas vu passer le temps !	時間があっという間に過ぎた。
avoir le temps {de 動詞 / pour 名詞}	…の／…する時間がある
mettre 時間	…時間をかける
prendre son temps	ゆっくり時間をかける
tuer le temps	時間をつぶす
{Une / Deux} seconde(s) !	ちょっと待ってください！
Minute papillon !	ちょっと待て！
pour une fois	一度だけ

69

Exercices 練習しましょう

➡解答 P.130

① 下線部に入る語句を候補から選んで入れて、文を完成させましょう。

入れる単語　à partir de / dans / depuis / en début de / en fin de / il y a

1. Je le vois _____ 3 heures, ___ _____ ___ soirée.
   3時間後、夕方に彼と会う。

2. Ils sont partis ___ ___ ___ quelques heures, ___ _____ ___ matinée.
   彼らは数時間前、正午の前に去った。

3. Les soldes commencent ____ _____ ___ demain.
   バーゲンは明日から始まる。

4. Nous sommes en vacances _____ 2 semaines.
   2週間前から休暇中です。

② 音声を聞いて下線部をうめましょう。　　🔊 DL087

1. On est _____ _____, donc _____ _____ _____.

2. Je suis ___ ___ _____ ! J'ai presque 30 minutes _____ _____ !

3. Marie va arriver _____ _____, vers 13h30.

4. Le midi, je mange _____ 15 minutes.

5. Je reviens, je vais chercher les enfants. J'_____ _____ juste _____
   quelques minutes.

③ 日本語からフランス語に訳しなさい。

1. 私は7月11日から5日までフランスにいる。

   _____

2. 本のどこまで進んだ？　　—最初のところ。

   _____

3. 私たちは15分早いからパンを買う時間がある。

   _____

4. どのくらいの時間でシャワーを浴びた？　　—10分で。

   _____

5. 明日から木曜日まで雨が降る。

   _____

6. 彼は45分前に着いた。マリーは5分後に着く。

   _____

もてなす

14 もてなす

ホームパーティで　🔊 DL088

Jacques : Entrez, entrez, je vous en prie ! Faites comme chez vous ! C'est pas la peine d'enlever vos chaussures.

Mathilde : Merci. Tiens, on vous a apporté une bouteille de vin.

Jacques : Ah, merci, c'est super gentil ! Mais il fallait pas !

Mathilde : Oh, tu sais, c'est pas grand chose !

Jacques : Je vous sers un apéro ?

Mathilde : C'est pas de refus, qu'est-ce que tu as ? (...)

Jacques : Passons à table ! Je vous en prie, installez-vous. (...)

Mathilde : On a passé une super soirée, mais il commence à se faire tard ! On va pas tarder à y aller. Merci pour tout !

Jacques : Merci à vous d'être venus. C'est toujours un plaisir de vous recevoir. On se revoit bientôt !

3章 人付き合い

和訳

ジャック：さあ入って。どうぞごゆっくり。靴は脱がなくてけっこうです。
マチルド：ありがとう。ワイン1本を持ってきたの。
ジャック：ありがとう、うれしい！　けど、そんなに気を使わなくても。
マチルド：つまらないものだけど。
ジャック：食前酒は飲みますか？
マチルド：はい、喜んで、何がありますか？（…）

ジャック：食卓につきましょう！　どうぞ、お座りください。（…）
マチルド：すごく楽しい夜だったけど、もう遅くなってきた！　そろそろ帰ります。いろいろとありがとう！
ジャック：こちらこそ来てくれてありがとう。あなたに会うといつも楽しいです。また近いうちに会いましょう！

71

Phrases Clés キーフレーズをチェック

① 歓迎する　🔊 DL089

Entrez, je vous en prie.　どうぞ、お入りください。

ℹ️ Je vous en prie. / Je t'en prie. はこの「どうぞ」以外に、お礼を言われたときの返事「どういたしまして」、と相手の行動を止める「もうたくさんです」として使える。

Tenez, mettez ces chaussons.　このスリッパをどうぞ。

Faites comme chez vous.　どうぞごゆっくり。

ℹ️ 直訳すると「自分の家のようにしてください」。

Mettez-vous à l'aise.　どうぞくつろいで。

Je vous fais visiter un peu la maison.　家をご覧にいれます。

Assis-toi. / Asseyez-vous.　どうぞお座りください。

Je me déchausse ? / J'enlève mes chaussures ?　靴は脱ぎますか？

Tiens ! / Tenez ! J'ai apporté ...　どうぞ！ …を持ってきました。

💬 Ah merci ! C'est gentil !　ありがとう！ うれしいです！

ℹ️ ものをもらったり、何かをしてもらったときは「私はうれしい」というよりも「あなたがそうしてくれるなんて優しい」という表現をする。

ℹ️ gentil の代わりに sympa を使うこともある。

💬 Il fallait pas ! / C'était pas la peine !　そんなことしなくても！／気を使わないで！

Je peux vous aider ?　何かお手伝いできますか？

Vous avez besoin d'aide ?　お手伝いは必要ですか？

② アペロのとき　🔊 DL090

Qu'est-ce que tu veux boire ?　何を飲みますか。

Je te sers un apéritif ?　食前酒をお出ししましょうか。

On prend l'apéro ?　アペリティフを食べましょうか／飲みましょうか。

ℹ️ apéro = apéritif

💬 C'est pas de refus !　喜んで！

💬 Je veux bien, qu'est-ce que tu as ?　いただきます、何がありますか？

💬 Non merci, ça va.　けっこうです、ありがとうございます。

💬 Tu as quelque chose sans alcool ?　アルコール無しの飲み物はありますか。

Trinquons !	乾杯しよう！
Santé !	乾杯！

❶ santé「健康」と音が同じ sentez「嗅いで／匂って」とかけてよく次のように言う：Santé [=sentez], mais pas des pieds !「健康に、でも、足が臭くならないように！」

Tchin. / Tchin-tchin.	乾杯。
Installez-vous où vous voulez.	お好きな席にどうぞ。
Mettez-vous où vous voulez.	お好きな席にどうぞ。

❸ 食事のとき 🔊 DL091

Passons à table !	食卓につきましょう！
Sers-toi !	どうぞ自由にとってください！
Tu en reveux ?	おかわりはどうですか。
Je reprendrais bien ...	…のおかわりをいただきます。

❶ re- は「もう一度」を表す。revouloir「もう一度欲しい」、reprendre「もう一度取る／もう一度始まる」

J'ai bien mangé !	よく食べた！

❹ 退出するとき 🔊 DL092

Il se fait tard.	もう遅くなりました。
On ne va pas tarder à y aller.	もうそろそろ帰ります。
On a passé une super soirée.	今夜はすごく楽しかった。
Merci d'être venu(e)(s).	来てくれてありがとう。
Faites attention en rentrant.	帰り道にお気をつけて。

❺ 会話を広げるひと言 🔊 DL093

Restez manger ce soir !	今夜は（私の）家で食べましょう！
On ne veut pas vous déranger.	迷惑をかけたくないのですが。
💬 Vous ne nous dérangez pas, pensez-vous !	そんなことないですよ！
Plus on est de fous plus on rit.	仲間が多いほど陽気になる。
Je reçois du monde demain midi.	明日のお昼に家に人を招きます。
Merci à vous. / Merci pour tout.	いろいろとありがとう。

73

➡解答 P.131

Exercices　練習しましょう

① 音声を聞いて下線部にフランス語を入れて、相当する日本語に番号を入れましょう。　🔊 DL094

1. Faites _____ _____ vous.
2. Il se _____ _____.
3. _____ à table.
4. On ne va pas _____ __ __ _____.
5. _____ d'être _____.
6. On _____ _____ ?
7. Vous _____ _____ d'aide ?

（　）どうぞごゆっくり。　　　　　　（　）来てくれてありがとう。
（　）アペリティフを食べましょうか。　（　）もう遅くなった。
（　）食卓につきましょう。　　　　　（　）お手伝いは必要ですか。
（　）もうそろそろ帰ります。

② 音声を聞いて下線部をうめましょう。　🔊 DL095

Valérie ： Salut ! Entre, ___ _____ _____. On attendait plus que toi !

André ： Salut ! Tiens, _____ _____ un gâteau pour le dessert.

Valérie ： Ah merci ! _____ _____ ! Par contre, tu peux ____ _____ s'il te plaît ?

André ： Ah, oui, ça marche.

Valérie ： Allez, viens, on est en train de _____ _____ !

③ 音声を聞いて下線部をうめましょう。　🔊 DL096

1. _____, je t'ai _____ une bouteille de vin. — Ah merci, _____ _____ !

2. Je ___ _____ un verre de vin ? — Ah, _____ _____ ___ _____ ! Merci !

3. Il ___ _____ tard, on va pas _____ __ __ _____ ! — Merci _____ _____ !

4. Je _____ _____, _____-____ ! — Merci, c'est _____.

表現のバリエーション

否定表現のバリエーション

ne とセットで

personne　　　　　　　　　　　　　　　　　　　　　　　誰も［…ない］

主語にも目的語にも使える。Je n'ai parlé à personne.「私は誰にも話していない」
Personne n'est venu.「誰も来なかった」

rien　　　　　　　　　　　　　　　　　　　　　　　　　　何も［…ない］

主語にも目的語にも使える。Je n'ai rien fait ce matin.「私は今朝は何もしなかった」

nulle part　　　　　　　　　　　　　　　　　　　　　どこにも［…ない］

Je ne suis sorti nulle part le weekend dernier.「先週末はどこにも出かけなかった」

jamais　　　　　　　　　　　　　　　　　　　　　　　　決して［…ない］

Je ne mange jamais de viande.「決して肉を食べない」

ne que ...　　　　　　　　　　　　　　　　　　　　　…しか［ない］

Je n'ai que 30 minutes pour manger le midi.「お昼は食べるのに 30 分しかない」

ne guère　　　　　　　　　　　　　　　　　　　　　　　　　　　　ない

ne pas と同じ意味の改まった表現。会話で使うこともある。

pas du tout　　　　　　　　　　　　　　　　　　　　まったく［…ない］

Je n'ai pas du tout faim.「まったくお腹が空いてない」。pas の代わりに rien を用いることもできる。
Elle ne comprend rien du tout.「彼女はまったく何もわかっていない」

否定語を組み合わせて

plus ＋否定語　　　　　　　　　　　　　　　　　　　　もう［…ない］

Je ne veux plus jamais te voir.「もう二度と君に会いたくない」
Plus rien ne va.「もう何もうまくいってない」
Je ne lui fais plus du tout confiance.「彼をもうまったく信用してない」
Je n'ai plus que 10 euros dans mon portefeuille.「私の財布にもう 10 ユーロしかない」

jamais ＋否定語　　　　　　　　　　　　　　いつも…ない／決して…ない

Jamais personne ne m'envoie de lettre.「決して誰も私に手紙を書いてない」
Le matin, elle ne mange jamais rien.「朝は、彼女はいつも何も食べない」

くだけた会話での表現

envoyer chier
追い払う

Il s'est énervé et il m'a envoyé chier.「彼は怒って私を追い払った」

chier dans son froc
おじけづく

froc は「ズボン」。Arrête de chier dans ton froc et va lui parler !「おじけづかないで彼女に話しに行け！」

être (nul) à chier
すごくできの悪い／すごくつまらない

Ce film est nul à chier !「この映画はすごくできが悪い！」

chiant
面倒な

Il est chiant de toujours me couper la parole.「彼は僕の言葉をいつも遮って面倒だ」

en chier
とても苦労する

On en a chié pour monter le meuble au premier étage.「2階まで家具を運ぶのはすごく大変だったよ」

faire chier
うんざりさせる (= emmerder)

Ce type commence à me faire chier.「あいつにはもううんざりする」

se faire chier
退屈する (= s'emmerder)

J'aime pas ce cours. On se fait chier.「この授業は嫌だ。退屈だ」

y a pas à chier
どうしようもない／問答無用／明らか

Ce restaurant est meilleur, y a pas à chier.「このレストランの方が美味しいよ、明らかに」

c'est de la (grosse) merde
くだらない (=c'est nul)／質の悪い

Ce pain, c'est de la grosse merde ! Faut pas en acheter.「このパンはマジでだめだ。買っちゃだめだよ」

être dans la merde (jusqu'au cou)
にっちもさっちもいかない

Merde ! J'ai oublié mon passeport, je suis dans la merde !「ちくしょう！パスポート忘れた。やばい！」

15 | レストランを楽しむ

メニューは決めた？ 🔊 DL097

Le serveur : Bonsoir, c'est pour combien de personnes ?

Vincent : 2 personnes s'il vous plaît. J'ai une réservation pour 19 heures au nom de Dupont.

Le serveur : Très bien, par ici s'il vous plaît. Je vous en prie, asseyez-vous.

Vincent : Merci bien. (...) Je meurs de faim ! Pas toi ?

Mélissa : Si ! J'ai une faim de loup ! On commande ? N'oublie pas, je t'invite ! S'il vous plaît !

Le serveur : Messieurs-dames, vous avez décidé ? Je vous écoute.

Mélissa : Alors, je vais prendre à la carte, avec en entrée une salade niçoise, puis en plat principal, un bifteak, et en dessert un clafoutis. Et toi, tu prends quoi, Vincent ?

Vincent : Chais pas bien... Tout a l'air tellement délicieux... Tu sais quoi ? Je vais prendre la même chose que toi !

Mélissa : Pas de souci ! On se prend une bouteille de vin ? Du rouge, ça te va ?

Vincent : Parfait ! Tu t'y connais en vin ?

Mélissa : Non pas trop... Qu'est-ce que vous nous conseillez comme vin ?

4章

余暇

和訳

ウェイター：こんばんは、何名様でしょうか。 ヴァンサン：2人です。19時にデュポンの名前で予約しています。 ウェイター：かしこまりました、こちらへどうぞ。どうぞお座りください。 ヴァンサン：どうも。(…)腹ペコだよ！ メリッサは？ メリッサ ：私も！ すごくお腹が空いた！注文しようか。忘れないでね、私がおごるから！ すみません！ ウェイター：お決まりでしょうか。お伺いします。	メリッサ ：じゃあ、私はアラカルトで、前菜はニース風サラダ、そしてメインはステーキ、デザートはクラフティ。ヴァンサンは何にする？ ヴァンサン：わかんないな…。全部おいしそう…。わかった。君と同じにするよ！ メリッサ ：了解！ ワインはボトルで飲む？赤でいい？ ヴァンサン：完璧！ ワインは詳しい？ メリッサ ：いや、あまり…。[ウェイターに]ワインのおすすめは何ですか？

Phrases Clés　キーフレーズをチェック

❶ 席への案内　🔊 DL098

C'est pour combien de personnes ?	何名様でしょうか。
Pour 4 personnes s'il vous plaît.	4人です。
Vous avez une réservation (à quel nom) ?	（どなた様で）ご予約していますか。
💬 J'ai réservé au nom de ...	…で予約しています。
💬 Non, je n'ai pas réservé.	予約はしていません。
Suivez-moi s'il vous plaît. / Par ici s'il vous plaît.	こちらへお越しください。

❷ 注文する　🔊 DL099

S'il vous plaît !	［ウェイターを呼ぶとき］すみません。
Vous avez {choisi / décidé} ?	お決まりですか。
Je vous écoute.	おうかがいします。
💬 Pas encore.	まだです。
💬 Est-ce que vous pouvez nous conseiller ?	おすすめはありますか。
💬 Je vais prendre le menu à 29 euros.	29ユーロのコースにします。

 ⓘ menu は日本語でいうメニューのほか、コース料理も指す。

💬 En entrée, je vais prendre ...	前菜は…にします。

 ⓘ en の後はメイン料理なら plat principal、デザートなら dessert を続ける。

Quel {plat / vin} me conseillez-vous ?	どの料理／ワインがおすすめですか。
Comment voulez-vous la cuisson de votre viande ?	
	お肉の焼き加減はどうしますか。
💬 Bleu. / Saignant. / À point.	ブルー／レア／ミディアムで。
Et avec ceci ?	他にございますか。
💬 {Ce / Ça} sera tout, merci.	これで以上です。

③ 食事 🔊 DL100

Ça sent bon.	いい香り。
C'est bien présenté.	見栄えがいいですね。
Tu veux goûter ?	食べてみる？
J'ai le ventre plein. / Je n'ai plus faim.	もうお腹いっぱいです。
Ça vous a plu ?	お口に合いましたか。
💬 On a mangé comme des rois.	王様のように食べました。
💬 C'était {exquis / succulent / délicieux}.	とてもおいしかった。

❶ これらの形容詞自体に強調の意味合いがあるので、très などはつけない。

💬 On s'est régalés. / C'était un régal.	とてもおいしくいただきました。
Pourrais-je avoir l'addition s'il vous plaît ?	お会計をお願いします。
L'addition est salée.	会計が高い。
Je vais régler l'addition.	私が会計を済ませます。
On laisse un pourboire ?	チップを残そうか？

4章 余暇

④ 会話を広げるひと言 🔊 DL101

Je vous invite. / C'est moi qui invite.	私がごちそうします。
J'ai un petit creux.	ちょっとお腹がすいた。
Je meurs de faim.	腹ペコだ。
J'ai une faim de loup.	腹ペコだ。

❶ 直訳すると「狼の空腹を持つ」。

J'(en) ai l'eau à la bouche.	それを考えたらお腹がすいてきた。

❶ この場合の eau はよだれを指している。

être ivre / saoul(e) / bourré(e) / pété(e)	酔っぱらっている
Je tiens bien l'alcool. / Je ne tiens pas bien l'alcool.	お酒が強い。／お酒が弱い。
avoir un appétit d'oiseau	小食である
Ça donne faim. / Ça met l'eau à la bouche.	お腹をすかせる。
Ça se boit comme du petit lait !	とても飲みやすい！
On se fait un resto ?	レストランに行く？

❶ この代名動詞には自分のために贅沢をする、楽しいことをするというニュアンスが含まれている。他に s'acheter ...「自分のために…を買う」、se regarder / mater un film「自分のために映画を観る」、se prendre une bouteille de vin「ワインボトルを１本注文する」など。

① 音声を聞いて下線部をうめましょう。 🔊 DL102

1. Regarde ces plats ! — Oh, ça _____ faim !

2. Messieurs, vous avez _____ ? — ____ _____.

3. On ____ _____ un resto ? Je t'invite !

4. C'est prêt ! Venez à table ! — Ça _____ ____ !

5. Attends ici. Je vais _____ l'addition.

6. Je suis complètement _____. — Oui, tu ne _____ pas l'alcool !

7. J'ai un _____ _____, pas toi ? — Moi, je _____ de faim !

8. Qu'est-ce que vous me _____ comme vin ?

② 指示の内容に合わせて◇のセリフの文を作り、会話文を完成させましょう。

◆ Bonsoir madame / monsieur, vous avez une réservation ?

◇ [自分の名前で予約した] _____

◆ Très bien, suivez-moi ! (...) Alors, vous avez choisi ?

◇ [19 ユーロのコースにします] _____

◆ Avec ceci ?

◇ [これで以上です] _____

◆ Alors, ça vous a plu ?

◇ [とてもおいしく食べました。お会計をお願いします]

_____

洋服の買い物　🔊 DL103

Vendeuse : Bonjour Madame, comment puis-je vous aider ?

Magalie : Bonjour ! Est-ce que vous auriez des robes rouges ? C'est pour aller à un mariage.

Vendeuse : Très bien. Nous en avons quelques unes. Quelle taille faites-vous ?

Magalie : Je fais du 38.

Vendeuse : D'accord. Je vous apporte une robe qui pourrait vous plaire. Vous voulez l'essayer ?

Magalie : Je veux bien !

Vendeuse : Tenez, les cabines d'essayage sont au fond du magasin.

Magalie : Merci !

Vendeuse : Alors ? Elle vous plaît ? En tous cas, elle vous va très bien.

Magalie : J'aime beaucoup, mais je la trouve un peu large. Vous avez la taille en-dessous ?

Vendeuse : Oui, bien sûr. C'est mieux comme ça ?

Magalie : Parfait, je la prends ! On peut payer par carte ?

4章
余暇

和訳
店員　：こんにちは、お手伝いしましょうか。
マガリー：こんにちは。赤いドレスはありますか。結婚式用なんです。
店員　：わかりました。いくつかあります。サイズはいくつですか。
マガリー：38です。
店員　：かしこまりました。好みに合いそうなドレスを1着持ってきます。ご試着しますか？
マガリー：あ、はい！
店員　：どうぞ、試着室は店の奥にあります。

マガリー：ありがとうございます！
店員　：いかがですか？　気に入りましたか？　どちらにせよ、とてもお似合いです。
マガリー：とても好きなんですが、ちょっとゆるいです。下のサイズはありますか？
店員　：はい、もちろん。こちらの方がいいですか。
マガリー：完璧です、これにします！　クレジットカードで支払えますか。

Phrases Clés キーフレーズをチェック

❶ 何かお探しですか 🔊 DL104

Je peux vous aider ?	お手伝いしましょうか。
Qu'est-ce que vous cherchez ?	何をお探しですか。
Qu'est-ce qu'il vous faut ?	何がご入用ですか。
Comment puis-je vous aider ?	お手伝いできますか。
💬 Il me {faut / faudrait} un nouveau manteau.	新しいコートを探しています。
💬 Vous {avez / auriez} des chapeaux ?	帽子はありますか。
💬 Je cherche ...	…を探しています。
💬 Je regarde juste.	見ているだけです。
Il vous fallait autre chose ?	他に何かお探しですか。
💬 Non, c'est bon, merci.	いいえ、もう大丈夫です。

❷ 値段について 🔊 DL105

C'est combien ? / Combien ça coûte ?	いくらですか。
Combien coûte cette veste ?	このジャケットはいくらですか。
{Quel est / C'est quoi} le prix de ce fromage ?	このチーズの値段はいくらですか。
💬 ... est à combien ?	…はいくらですか。
💬 ... est à ~ .	[値段] …は~です。
💬 ... coûte ~ .	[値段] …は~です。
C'est raisonnable.	お手頃価格です。
C'est un peu cher (pour moi).	少し高いです。
C'est pas donné !	高い！
C'est de l'arnaque !	法外に高い！
Vous avez quelque chose de moins cher ?	これより安いものはありますか。
Cet article est en solde de 60%.	この品物は60％オフです。
C'est en promotion.	セール中です。
J'en ai eu pour ...	[値段] …で手に入れる。

3 試着する 🔊 DL106

Vous faites quelle taille ?　　　　　　　　　　　サイズはいくつですか。

💬 Je fais du ...　　　　　　　　　　　　　　　　　［サイズは］…です。

  ❶ サイズを表す動詞は、靴は chausser、身長は mesurer、体重は peser。何のサイズか
    はっきりしている場合はすべて faire を使える。Je chausse du 36. = Je fais du 36. / Je
    mesure 1 mètre 60. = Je fais 1 mètre 60. / Je pèse 58 kilos. = Je fais 58 kilos.

Je ne connais pas ma taille.　　　　　　　　　　自分のサイズがわかりません。

Est-ce que je peux essayer ce vêtement ?　　　　この服を試着できますか。

💬 Oui bien sûr, utilisez les cabines d'essayage.

　　　　　　　　　　　　　　　　　　　　もちろん、試着室をご利用ください。

C'est un peu trop {serré / large}.　　　　　　　ちょっときつい／ゆるい。

Vous avez la taille {en-dessous / au-dessus} ?

　　　　　　　　　　　　　　　　下のサイズ／上のサイズはありますか。

Est-ce que vous avez d'autres couleurs ?　　　　別の色がありますか。

C'est à la mode.　　　　　　　　　　　　　　　はやっている。

C'est {démodé / ringard}.　　　　　　　　　　　時代遅れだ。

Ça me va bien ?　　　　　　　　　　　　　　　似合う？

💬 Ça te va à merveille !　　　　　　　　　　　とても似合う！

4章 余暇

4 レジで 🔊 DL107

un caddie / un chariot　　　　　　　　　　　　カート

{gaspiller son argent / claquer son fric} dans ...　…にお金を消費する

le fric / le blé　　　　　　　　　　　　　　　　お金

passer {en / à la} caisse　　　　　　　　　　　レジに行く

Ça (vous) {fera / fait} ...　　　　　　　　　　　お会計は…になります。

Vous {réglez / payez} comment ?　　　　　お支払い方法はいかがなさいますか。

Par carte (bancaire / bleue).　　　　　　　　　クレジットカードで。

En {espèce / liquide}.　　　　　　　　　　　　現金で。

Nous n'acceptons pas les paiements par carte.

　　　　　　　　　　　クレジットカードの支払いを受け付けておりません。

payer en {une fois / plusieurs fois}　　　　　一括で／分割で払う

Exercices 練習しましょう

→解答 P.132

① 音声を聞いて下線部をうめましょう。　🔊 DL108

1. Elle coûte combien ? — Cette veste _____ __ 39 euros.

2. J'__ ___ ___ pour 90 euros. — Eh beh, c'est _____ _____ !

3. Vous faites quelle _____ ? — Je _____ ___ 38.

4. Ça _____ _____ 58 euros. Vous _____ comment ?

5. Bonjour, est-ce que je peux _____ ce vêtement ?

6. Bonjour, je peux vous _____ ? — Bonjour, je _____ une écharpe.
   Aussi, est-ce que vous _____ des chapeaux ?

7. Il vous fallait autre chose ? — Non, _____ _____, merci !

8. ___ ___ ___ bien ? — Ça te va super bien !

9. _____ _____ comment ? — ____ _____ s'il vous plaît !

② 音声を聞いて下線部にフランス語を入れて、相当する日本語に番号を入れましょう。　🔊 DL109

1. Ça ___ ___ _____ !　　　（　）セール中です。
2. Je _____ _____.　　（　）はやっている。
3. C'est __ ___ _____.　　（　）お支払い方法はいかがなさいますか。
4. C'est ____ _____...　　（　）高い。
5. _____ ça _____ ?　　（　）似合うね。
6. C'est ___ _____.　（　）いくらですか。
7. Vous _____ _____ ?　（　）見ているだけです。

17 観光スポットを楽しむ

おすすめの観光スポット 🔊 DL110

Paul : J'aimerais bouger un peu demain. Y a des choses à faire ou à voir dans le coin ?

Mina : Bien sûr ! Tu as des tas de beaux petits villages célèbres dans les alentours. Ils méritent vraiment le coup d'œil ! Sinon, on peut aussi aller visiter un vieux château qui date du 14ème siècle ! Et la vue est superbe de la tour du château. C'est payant, mais pas très cher.

Paul : J'adore les châteaux ! Mais j'aimerais éviter la foule tant que possible. Je déteste faire la queue. Tu connais les horaires d'ouverture ?

Mina : Oui. C'est ouvert du mardi au dimanche, de 10 heures à 18 heures. Si tu veux éviter le monde, il vaut mieux y aller le matin en semaine.

Paul : D'accord... Alors, demain matin, ça te dit ?

Mina : Ça marche ! On achètera les tickets au guichet demain.

4章
余暇

和訳

ポール ：明日はちょっと出かけたいな。この辺りでやることとか見ることはある？

ミナ ：もちろん！ 近くにきれいで有名な小さい村がたくさんあるよ。そこは本当に見るべき！ その他には14世紀の古いお城に行くこともできるね。城の塔からの眺めは素晴らしいし。入場料がかかるけど、あまり高くない。

ポール ：城は大好き！ だけどできるだけ人混みを避けたい。並ぶのは大嫌いなんだ。営業時間は知っている？

ミナ ：うん。火曜日から日曜日までの、10時から18時まで。大勢の人を避けたいなら平日の朝に行った方がいい。

ポール ：なるほど…じゃあ、明日の朝は、どう？

ミナ ：了解！ 明日、窓口でチケットを買おうね。

Phrases Clés　キーフレーズをチェック

❶ 観光スポットをおすすめする　🔊 DL111

Qu'est-ce qu'il y a d'intéressant {à voir / à faire} ?

見るべき／やるべき面白いことは何がある？

Y a quoi d'intéressant {à voir / à faire} ?

見るべき／やるべき面白いことは何がある？

Il y a des {trucs / choses} à faire dans le coin ?　この近くでやるべきことはある？

　　❶ le coin は片隅という意味で、ここでは「この近くに」という意味。

💬 Il n'y a pas grand chose à faire par ici.　このあたりではやることはあまりない。

💬 Bien sûr ! Tu as ...　　　　　　　　　もちろん！　…がある。

　　❶ 選択肢を持っているという意味で avoir を使う。

Ça vaut {le détour / le déplacement}.　回り道をしても行く価値がある。

Ça mérite le coup d'œil.　　　　　　　それは見る価値がある。

Il ne faut pas passer à côté de ça !　　逃してはいけないよ！

J'aime bien sortir des sentiers battus.　みんなとちがうことをするのが好き。

　　❶ des は de+ 定冠詞 les の縮約。

visiter un monument historique　　　　歴史的建造物を見学する

❷ 観光地についての情報　🔊 DL112

Savez-vous où se trouve l'office du tourisme s'il vous plaît ?

観光案内所はどこかご存じですか。

Je peux vous renseigner ?　　　　　何かご案内いたしましょうか。

💬 J'aimerais / Je voudrais des renseignements sur ...

…について情報がほしい。

💬 J'aimerais savoir s'il est possible de ...　…は可能か知りたい。

💬 Pouvez-vous me dire où sont les toilettes ?　トイレはどこですか。

Quelles sont {les horaires / les jours} d'ouverture ?

営業時間／営業日はいつですか。

💬 C'est ouvert du lundi au samedi de 10 heures à 19 heures.

月曜日から土曜日まで、10時から19時までオープンしています。

Tout ce qu'il faut savoir est dans la brochure.

知っておくべき情報は全部パンフレットに記載されている。

Vous devez acheter les tickets au guichet. 窓口でチケットを買ってください。

C'est {gratuit / payant}. 無料／有料です。

Vous avez le choix entre plusieurs formules. いろいろな選択肢があります。

tarif enfant moins de douze ans 12 歳未満の子ども割引料金

tarif réduit 割引料金

Il y a trente minutes d'attente. 待ち時間は 30 分です。

faire la queue 行列を作る／並ぶ

Veuillez {garder le silence / ne pas faire de bruit}. お静かにお願いします。

❸ 感想を言う 🔊 DL113

C'est un endroit magnifique. とてもきれいなところです。

C'est un magnifique endroit. 私はとてもきれいなところだと思います。

🔵 magnifique, agréable, charmant, excellent のような形容詞は、名詞の前に置くと主観的なニュアンスになる。

On a une belle vue d'ici ! ここからはいい眺め！

La vue est {superbe / fabuleuse}. 眺望がすばらしい。

C'est du grand art. すばらしい芸術だ。

❹ 会話を広げるひと言 🔊 DL114

Je veux éviter la foule. 人混みを避けたい。

des tas de trucs たくさんのこと

🔵 = plein de choses、「山積み」という意味。

Le château date du 13ème siècle. この城は 13 世紀にさかのぼる。

🔵 dater de ... 「…にさかのぼる」

Exercices 練習しましょう

➡解答 P.133

① **音声を聞いて下線部をうめましょう。** 🔊 **DL115**

1. Qu'est-ce qu'il y a _____ __ faire dans le _____ ?

2. _____ ne pas faire de bruit s'il vous plaît.

3. J'aimerais avoir des _____ sur les tours guidés.

4. Comme je n'aime pas beaucoup ____ _____ , je préfère _____
   _____ sentiers battus.

5. C'est _____ ? — Non, c'est _____ .

6. Ces tableaux sont _____ ! Ils _____ le coup d'œil !

② **次のフランス語を日本語に訳しましょう。**

1. この城は回り道をしてでも行く価値がある。(使う単語 détour)

   _____

2. 私は並ぶことが大嫌い。

   _____

3. この美術館は 18 世紀にさかのぼる。

   _____

4. とてもきれいなところで、眺望がすばらしい。

   _____

5. 窓口はどこかご存じですか。

   _____

6. この辺りでは見るべき面白いことがある？ (使う単語 truc)

   _____

表現のバリエーション

程度を表す

とても

extrêmement
極めて

Il fait extrêmement chaud aujourd'hui.「今日はとても暑い」

hyper / super / vachement
超／すごく

親しい間での表現。Cette pâtisserie est hyper bonne !「このケーキ屋さんは超おいしい！」

La prononciation du chinois est vachement dure.「中国語の発音はすごく難しい」

trop
…すぎる／非常に

Cette fille est trop mignonne !「この女の子がかわいすぎる！」

presque / pratiquement / quasiment
ほぼ／ほとんど

J'ai presque fini !「ほぼ終わった！」

Julie n'a quasiment pas parlé de la journée.「ジュリは一日中ほとんど喋っていない」

incroyablement
信じられないほど

Il parle incroyablement bien le français.「彼は信じられないほどフランス語が堪能だ」

largement
ずっと／たっぷりと

préférer と一緒に使うことが多い。Je prefère largement la cuisine français à la cuisine anglaise.

「私はイギリス料理よりずっとフランス料理の方が好き」

あまり…ない

à peine
ほとんど［…ない］

J'avais super froid, donc j'ai à peine pu dormir.「超寒かったから、ほとんど眠れなかった」

que dalle
何も［…ない］

くだけた言い方。J'ai compris que dalle.「何もわからなかった」

un poil / un brin
ほんのちょっと

親しい間での表現。Elle n'a pas un poil de curiosité.「彼女はほんのちょっとの好奇心もない」

くだけた会話での表現

gueuler

どなる／叫ぶ

gueule は肉食獣の口で、それを動詞にした語。J'ai trop gueulé hier soir pendant le match, j'ai plus de voix !「昨晩の試合の間叫びすぎて、もう声が出ない」

engueuler

どなりつける／しかりつける

Mes parents vont engueuler mon frère parce qu'il a cassé le vase.「弟が花瓶を壊したから両親が彼をしかるだろう」

s'engueuler

どなりあう／けんかする

Mon meilleur ami et sa copine ne font que s'engueuler. La fin est proche...「私の親友と彼の恋人はどなりあってばかりいる。もうすぐ別れるかな…」

casser la gueule

ぶん殴る

Il m'énerve ! Je vais lui casser la gueule !「彼にはうんざり！　もうぶん殴るぞ！」

se casser la gueule

転ぶ／落ちる

Elle s'est cassé la gueule à cause de la marche.「彼女は段差のせいで転んだ」

faire la gueule

ふくれ面をする

Arrête de faire la gueule, c'est pas grave.「ふくれ面をするのやめて、大したことじゃない」

fermer sa gueule

黙る

代名詞を使って ferme-la とも言う。Ferme ta gueule !「黙れ！」

se foutre de la gueule de ...

…をばかにする

Jérémy s'est foutu de ma gueule parce que je porte un t-shirt rose.「ジェレミが僕のことをピンク色の T シャツを着ているってばかにした」

c'est bien fait (pour toi / pour ta gueule)

いい気味だ

Pierre s'est fait arrêter ivre au volant. — Bien fait pour sa gueule ! C'est irresponsable de conduire ivre.「ピエールは飲酒運転して逮捕された」「いい気味だ！　飲酒運転なんて無責任だ」

se bourrer la gueule

酔っぱらう

Léa se bourre la gueule tous les samedis soir.「毎週土曜日にレアは酔っぱらう」

avoir la gueule de bois

二日酔い

J'ai la gueule de bois parce que j'ai trop bu hier soir.「昨夜は飲みすぎたから二日酔いだ」

18 | 驚きや疑い

冗談でしょ？　🔊 DL116

Pierre　：Oh, tu sais pas la dernière ?

Magalie　：Non, quoi ?

Pierre　：Julie !

Magalie　：Oui, eh bien ? Qu'est-ce qu'y a ?

Pierre　：Elle s'est fait faire un gros tatouage !

Magalie　：Non, c'est pas vrai ? Ça m'étonne d'elle ! Ça ne lui ressemble pas.

Pierre　：Si, j'te jure. Mais attends, c'est pas fini. Le tatouage, c'est le prénom de son copain ! Elle a écrit "Adrien" en gros sur son avant-bras. Tu le vis ?

Magalie　：Sérieux ?!... Ça tombe plutôt mal, parce que figure-toi que Julie m'a dit ce matin qu'Adrien venait de rompre avec elle !

Pierre　：Quoi ?!... Tu rigoles ?

Magalie　：Puisque je te le dis.

Pierre　：Bon, bah il lui reste plus qu'à trouver un nouveau copain avec le même prénom !

5章 気持ちを伝える

和訳

ピエール：ね、聞いた？
マガリー：ううん、何？
ピエール：ジュリーのこと！
マガリー：うん、それで？　どうしたの？
ピエール：でっかいタトゥーを入れたんだよ！
マガリー：え、ウソ？　彼女にしてはびっくり！彼女らしくないね。
ピエール：本当なんだ。でもちょっと待って、話は終わってないよ。タトゥーは彼

氏の名前だよ！　腕にアドリアンって大きく書いちゃったんだ。わかる？
マガリー：マジ？　むしろタイミングが悪いね、アドリアンと別れたばかりってジュリーから今朝聞いたから。
ピエール：え？　冗談でしょ？
マガリー：だからそう言ってるでしょ。
ピエール：それじゃ、同じ名前の彼氏を見つけるしかないね！

Phrases Clés キーフレーズをチェック

① 驚きのニュース 🔊 DL117

Tu sais pas la dernière ?	最新のニュース知らない？

❶ 否定文で聞かれているので、si「いや、知っています」、non「はい、知りません」で答える。

💬 Si, je suis au courant.	いや、もう知ってるよ。
💬 Non, quoi ?	知らない、何？
Tu sais pas quoi ?	知らない？
Devine quoi !	当ててみて！
Figure-toi que ...	実は…なんですよ。
Je viens d'apprendre quelque chose de surprenant.	驚くべきことを知ったところ。
Tu vas pas le croire ! / Tu vas halluciner !	信じられないでしょう！
J'ai une nouvelle qui va t'étonner.	君が驚く知らせがある。
à ce qu'il paraît	見たところ
Attends, c'est pas fini.	待って、まだ話は終わってないよ。

② 驚く 🔊 DL118

C'est pas vrai ?	うそ？
J'y crois pas. / C'est incroyable.	信じられない。
Non, pas possible ?!	うそ、ありえない！
Ah bon ?!	え？
Hein ? / Quoi ? / Comment ?	何？／どういうこと？
J'en reviens pas !	いや、びっくりした！
Je suis abasourdi(e). / Je suis bouche bée.	呆然としてしまう。
Je suis sur le cul.	［親しい間で］仰天した。
C'est {hallucinant / ahurissant}.	信じられない。
J'hallucine !	信じられない。
Tu rigoles ? / Tu plaisantes ?	冗談だろう？
Tu déconnes ? / Sans déconner ?	ふざけてるよね？

Je rêve !　　うそ！

    ❶ Tu rêves ! だと「何を寝ぼけているんだ」という意味になる。

Qui l'aurait cru ?　　意外だったね？

J'arrive pas à le croire !　　信じられない！

Arrête !　　うそ！

Tu le vis ?　　［親しい間で］わかる？

    ❶ ここでは vivre は「体験する、味わう」という意味。

Sérieux ?　　マジ？

J'étais loin de me douter {de / que} ...　　…はまったく想像していなかった。

Ça m'étonne que ...　　…なのにはびっくり。

❸ 疑う　🔊 DL119

Je ne suis pas sûr(e) (que ...).　　（…とは）確信していない。

Ça m'étonnerait (fortement) (que 接続法).　　（…だとしたら）本当にびっくり。

💬 Si, je te jure !　　誓うから信じて！

💬 Puisque je te le dis !　　そう言っているでしょう！

💬 Je te promets que c'est vrai.　　本当だと誓うよ。

💬 Je t'assure (que si) !　　そうだと断言します！

Ça me semble bizarre que ...　　…のはおかしい。

C'est louche (que ...).　　（…とは）妙だ。

Tu penses vraiment que ... ?　　本当に…と思う？

Ça ne lui ressemble pas de 動詞.　　…するのは彼／彼女らしくない。

❹ 確実さ・可能性　🔊 DL120

J'en suis sûr(e) (et certain(e)) .　　それは確かです。

J'en suis persuadé(e).　　私はそう確信している。

    ❶ être persuadé de ...「…を確信している」の de ... に代名詞 en が置き換わっている。

Je suis {persuadé(e) / sûr(e) / certain(e)} que ...　　…ことを確信している。

J'en mettrais ma main au feu (que ...).　　絶対に…と誓ってもいい。

    ❶ 間違えていたら mettre ma main「手を火にかける」と言えるほど信じているということ。

Il est clair (et net) que ...　　…は明らかです。

5章 気持ちを伝える

➡解答 P.134

Exercices 練習しましょう

① 音声を聞いて下線部をうめましょう。次に会話の内容についての文が正しけ

れば Vrai、間違っていれば Faux に〇をつけましょう。　🔊 DL121

Frédéric : Tu _____ _____ _____ ?

Jessica : Non, quoi ?

Frédéric : Tu vas pas ____ _____ ! À ce qu'il _____, Pierre va aller
habiter à Londres...

Jessica : Non, c'est ____ ____ ? Tu _____ ?

Frédéric : Non, je ____ _____...

Jessica : ____ _____ qu'il ne m'ait rien dit.

Frédéric : Attends, c'est _____ _____ ! Tu _____ _____...
Il paraît aussi qu'il va divorcer...

Jessica : _____ ? ... C'est louche. Moi, je _____ _____
qu'il te fait une blague !

1. Frédéric pense que Pierre lui ment.　　　　　Vrai / Faux
2. Jessica pense que Pierre va habiter à Londres.　Vrai / Faux

② 音声を聞いて下線部にフランス語を入れて、相当する日本語に番号を入れま

しょう。　🔊 DL122

1. _____ quoi !　　　　　（　）何？

2. _____ ?　　　　　　　（　）妙だね。

3. Ça ne ____ _____ pas.　（　）当ててみて！

4. Je t'_____ !　　　　　（　）そうと断言している。

5. J'_____ !　　　　　　（　）彼／彼女らしくない。

6. C'est _____.　　　　　（　）信じられない。

94

19 | 落胆や後悔

バカなことをした… 🔊 DL123

Camille : Tu fais une drôle de tête... Ça va pas ?

Stéphane : Pas trop, non... Je déprime un peu.

Camille : Qu'est-ce qu'y a ?

Stéphane : Je me suis disputé avec ma copine, et je lui ai dit des choses que je n'aurais pas dû dire.

Camille : Mince... Qu'est-ce que tu lui as dit ?

Stéphane : Je lui ai dit que je voulais rompre, mais c'était juste sur le coup de la colère. Je le pensais pas.

Camille : Je vois...

Stéphane : Qu'est-ce que je m'en veux ! J'aurais mieux fait de me taire. Elle me fait la tête et elle veut plus me parler maintenant. Elle m'ignore complètement !

Camille : Ah bon ? Elle l'a vraiment mal pris...

Stéphane : Oui. C'est compréhensible. Moi aussi je l'aurais mal pris. Si seulement elle me laissait lui parler...

和訳

カミーユ ：変な顔してるよ…元気ないの？
ステファン：あんまり…ちょっと落ち込んでる。
カミーユ ：どうしたの？
ステファン：彼女とけんかして、僕は言うべきじゃないことを言っちゃったんだ。
カミーユ ：わあ…何て言ったの？
ステファン：別れたいと言っちゃったけど、ただ怒ってただけなんだ。そうは思ってなかった。
カミーユ ：なるほど…。

ステファン：なんて僕はバカだったんだ！黙っていればよかったのに。今は彼女はむっとしててもう僕と話したくないんだって。完全に無視されてるんだ。
カミーユ ：そっか。本当にそのセリフを悪く受け取ったのね…。
ステファン：うん。当たり前だけど。僕も彼女の立場なら悪く受け取るだろうね。せめて彼女に話ができればなあ…。

95

Phrases Clés キーフレーズをチェック

❶ 悲しいとき 🔊 DL124

Pourquoi tu fais une tête d'enterrement ?	どうして陰気な顔をしているの？

❶「葬式のときみたいな顔色」を指す。

Tu fais une drôle de tête... Ça ne va pas ?	暗い顔しているね…。元気ないの？
Ça n'a pas l'air d'aller, qu'est-ce qui ne va pas ?	元気なさそうだね、どうしたの？
💬 Je ne vais pas bien.	元気じゃない。
💬 J'ai le moral {à zéro / dans les chaussettes}.	意気消沈している。
💬 J'ai le cafard.	ふさぎこんでいる。

❶直訳は「ゴキブリを持っている」。

💬 Je déprime. / Je broie du noir.	落ちこんでいる。
💬 Je suis au bout du rouleau.	力尽きている。
Je ne sais plus quoi faire.	何をするべきかもうわからない。
J'en ai gros sur {le cœur / la patate}.	悲しさで胸がいっぱい。
À quoi bon !	どうにもならない。
Je traverse une phase difficile.	大変な時期に入っている。

❷ けんかする 🔊 DL125

se disputer avec ...	…とけんかする
se prendre la tête avec ...	…とけんかする
s'engueuler avec ...	…と怒鳴りあう
bouder	ふくれる
faire {la tête / la gueule}	ふくれ面をする

❶ gueule は親しい間での表現。

Je ne veux plus lui parler.	彼／彼女ともう話したくない。
Je ne lui cause plus.	彼／彼女ともう話さない。
se {réconcilier / rabibocher} avec ...	…と仲直りする
s'entendre {bien / mal} avec ...	…と仲がいい／悪い
Ça me dégoute.	うんざりさせる。

J'ai fait une {bêtise / connerie}.　　　　　　　　　バカなことをした。

Je m'en {fous / fiche}.　　　　　　　　　　　　　そんなことどうだっていい。

❸ 後悔する　🔊 DL126

Je m'en veux (à mort) de ...　　　　　　　…したことで（すごく）自分を責める。

　❶ en vouloir à ...「…を恨む」の à ... を me に置き換えた表現。

Je m'en mords les doigts (de ...).

　　　　　　　　　　（…して）とても悔しい／（…して）とても後悔する。

　❶ se mordre les doigts「自分の指をかむ」

Quand je pense que je lui faisais confiance...　　　彼を信頼してたと思うとね…。

J'aurais mieux fait de ...　　　　　　　　　　…すればよかったのに。

J'aurais dû ...　　　　　　　　　　　　　　…するべきだったのに。

　❶ 実際にはできなかったことを言う。

Je regrette d'avoir 過去分詞 .　　　　　　　　…したことを後悔している。

Je suis {déçu(e) / dégoûté(e)}.　　　　　　　　　がっかりした。

Si seulement 主語 ＋ 動詞半過去 .　　　　　　　せめて…であれば。

　❶ 仮定の表現では現在のことであっても半過去を使う。

Si j'avais su, je ne serais pas venu(e).　　　もし知っていたら、来なかったのに。

　❶ 過去の仮定は si のあとに大過去を使う。そのあとの条件法も過去形になる。

　❶ Si j'avais su. とだけ言っても、後悔を表すことはできる。

J'ai dit ça sur le coup de la colère.　　　　怒っていてそう言ってしまった。

Je ne le pensais pas.　　　　　　　　　　それは思っていたことじゃない。

①　例にならって文を作りかえましょう。

例　: Je suis allé à ce restaurant. Ce n'était pas bon.
　→ Je n'aurais pas dû aller à ce restaurant.
　→ Je regrette d'être allé à ce restaurant.

1. Il n'a pas étudié. C'est dommage.
　→ _____
　→ _____

2. Je lui ai dit mon secret. Elle l'a répété.
　→ _____
　→ _____

3. Tu as acheté un nouveau téléphone. Il ne marche pas bien.
　→ _____
　→ _____

②　音声を聞いて下線部をうめましょう。　　🔊 DL127

Valérie　: Tu fais une _____ ___ _____, qu'est-ce ____ ___ ___ ____ ?

André　: Je ____ _____ engueulé avec Marie, et elle ___ _____ ___ _____ maintenant.

Valérie　: T'as essayé de ____ _____ avec elle ?

André　: Oui, mais elle ne veut plus me parler.

Valérie　: Mais pourquoi vous _____ _____ _____ ?

André　: J'ai mangé le dernier gâteau qu'il y avait dans le frigo. Si _____ ____, je lui _____ _____ !

Valérie　: Elle t'en _____ juste pour ça ?

ひと目惚れした！ 🔊 DL128

Laurent : Je suis tombé amoureux ! J'ai eu le coup de foudre.

Mélissa : Ah oui ? Quand ça ?

Laurent : Hier, à la fête. Elle me plaît vachement, et elle me manque déjà.

Mélissa : C'est pas vrai ! C'est qui ? Elle est mignonne ?

Laurent : Ne le répète à personne !... C'est ta petite sœur.

Mélissa : Hein ?!... T'es amoureux de ma sœur ?!... Mais qu'est-ce qui te plaît chez elle ?

Laurent : Tout ! C'est mon type de femme... Je suis tombé sous son charme.

Mélissa : Et moi, je suis pas ton type ?

Laurent : Non, pas trop... J'aime les femmes brunes aux yeux bleus !

Mélissa : Mais... On est jumelles avec ma sœur ! Et puis, de toutes façons, elle a déjà un copain !

Laurent : Hein ! Mince... Euh... Et toi, t'as un copain ?

Mélissa : Je n'ai personne, mais c'est trop tard pour toi !

和訳

ローラン：恋に落ちた！　ひと目惚れした。
メリッサ：そうなの？　いつ？
ローラン：昨日のパーティーで。すごく気に入ったんだ、もう彼女が恋しい。
メリッサ：うそ！　誰？　可愛い？
ローラン：誰にも言わないでね！…君の妹だよ。
メリッサ：え？　私の妹が好きだって？　でも彼女のどこが気に入ったの？
ローラン：すべて！　僕のタイプだよ。彼女の魅力に取りつかれている。

メリッサ：あたしって君のタイプじゃないの？
ローラン：あんまりね…僕は黒い髪の毛で青い目の女性が好き！
メリッサ：でも…私と妹は双子だよ！　いずれにせよ、彼女はもう彼氏がいるよ！
ローラン：何！　しまった…あの…。メリッサは彼氏がいる？
メリッサ：いないけど、あなたはもう遅いよ！

Phrases Clés キーフレーズをチェック

❶ 人と出会う 🔊 DL129

chercher quelqu'un	恋人を探す
C'est quoi ton type {d'homme / de femme} ?	君の男性／女性のタイプは？
J'aime les {hommes / femmes} 形容詞.	…な男性／女性が好き。
C'est pas mon type.	私のタイプじゃない。

❶ 外見などを挙げるのは失礼であり、C'est pas mon type. と言うべき。

[人] me plaît	私は…が気に入っている
Qu'est-ce qui te plaît chez lui ?	その人のどこが気に入ったの？
Il sort avec quelqu'un ?	彼は誰かと付き合っているの？

❶ この場合の sortir avec ... は「…と付き合う」という意味。

Il a quelqu'un ? / Il est avec quelqu'un ?	彼は恋人がいるの？
avoir {un (petit) copain / une (petite) copine}	彼氏／彼女がいる
avoir {un petit ami / une petite amie}	彼氏／彼女がいる
être célibataire	恋人がいない／独身
aborder quelqu'un	誰かに近づく／声をかける
draguer	ナンパする
avoir (un) rencard avec ...	…とデートする
avoir un rendez-vous galant	女性と待ち合わせをする
poser un lapin	約束をすっぽかす

❶ 慣用表現で、直訳は「うさぎを置く」。

se prendre {un rateau / un vent}	[告白して] ふられる

❷ 恋に落ちる 🔊 DL130

tomber amoureux (de ...)	(…に) 恋に落ちる
être amoureux (de ...)	…に恋している
avoir le coup de foudre (pour ...)	(…に) ひと目ぼれする
craquer pour ...	…に恋に落ちる
Il est fait pour moi.	彼は私にお似合い。
L'amour rend aveugle.	恋は盲目。

❸ 付き合う　🔊 DL131

Vous êtes ensemble depuis combien de temps ?	どれぐらい前から付き合っている？
💬 On est ensemble depuis 2 ans.	2年間付き合っている。
C'est sérieux entre vous ?	真面目に付き合っているの？
Veux-tu m'épouser ?	私と結婚してください。
💬 Oui, je le veux !	はい、喜んで！
Je te trompe.	［君を裏切って］浮気する。

❹ 会いたい気持ち・愛情を伝える　🔊 DL132

ma chérie / mon chéri / mon amour	［呼びかけ］あなた／愛しい人
Je t'aime.	愛している。
Je t'adore.	大好きです。

　❶ je t'adore は愛情より友情を表すので、友達に使う。恋人には je t'aime を使う。

Je suis {fou / folle} de ...	…を熱烈に愛する。
C'est {la femme / l'homme} de ma vie.	私の運命の人だ。
Tu me manques.	あなたがいなくてさみしい。

　❶ 直訳は「あなたが私に欠けている」。

Je pense à toi.	君のことを思っている。
{Il / Ça} me tarde de te voir.	早く君に会いたい。

　❶ il は非人称の主語。il me tarde de 動詞の原形で「…するのが待ちきれない」。

J'ai envie de te voir.	君に会いたい。

❺ 別れる　🔊 DL133

Je veux rompre (avec toi).	（君と）別れたい。
se remettre avec son ex	元彼／元彼女とよりを戻す
Loin des yeux, loin du cœur.	去る者は日々に疎し。

Exercices 練習しましょう

① 音声を聞いて下線部をうめましょう。 🔊 DL134

André ： Je suis _____ _____ d'une fille, mais elle a un copain...

Valérie ： C'est _____ entre eux ?

André ： Ils sont _____ depuis 3 ans...

Valérie ： Ah mince... Il faut chercher quelqu'un d'autre alors !

André ： Je sais, mais c'est pas facile... Je ne sais pas _____, et je ____ _____ toujours des _____ !

② 音声を聞いて下線部をうめましょう。 🔊 DL135

1. Il ___ _____ ___ te revoir ma chérie, tu me _____ !

2. Pierre a _____ _____ une fille ce soir. − Encore ?!

3. Il ____ _____ pas ? − C'est pas _____ _____...

4. T'as déjà eu le _____ ___ _____ ? − Non, jamais...

5. Qu'est-ce _____ ___ _____ chez elle ? − Son sourire, ses yeux... Tout !

③ 日本語をフランス語に訳しましょう。

1. 彼のことが恋しいなあ。彼に早く会いたい。

   _____

2. 彼氏を探していますか？―そうだけど、あなたは私のタイプじゃないです、ごめんなさい。

   _____

3. 私はトム（Tom）に恋してしまった。―彼のどこが気に入ったの？

   _____

4. 君の彼氏は浮気したことがある？―ないよ。

   _____

表現のバリエーション

理由を言う（1）

---…だから［原因］---

parce que ... ……だから

理由を言う、最もありふれた表現。「なぜ？」という質問に答える場合にも使える。Il est parti parce qu'il ne se sentait pas bien.「気分が悪かったから行っちゃった」 ／ Pourquoi est-ce que tu ne viens pas ? — Parce que je dois réviser.「なんで来ないの？」「勉強しないといけないから」 ／ Pourquoi ? — Parce que ! C'est tout !「どうして？」「なぜでもさ。そうだから、以上！」

puisque ... ……だから

すでに知っていることや明らかなことを理由として言うときに使う。Puisque tu as sommeil, va te coucher !「眠いんだから、寝なさい！」

comme ... ……なので

主節の前に置き、最初に理由を述べたいときに使う。Comme il ne reste plus rien à manger, maman est allée faire des courses.「食べ物がもうないから、お母さんが買い物に行った」

car ... ……なぜかというと／……だから

parce que と同じだが、より改まった表現。Le peuple manifeste car il est en colère.「国民がデモをするのは怒りからだ」

vu (que) ... ……なので／……を考慮して

議論の余地がない、確実な理由を表す。Vu le temps, il vaut mieux ne pas sortir.「天気を考えると、出かけない方がいい」 ／ Elle a grossi vu qu'elle a complètement arrêté le sport.「彼女はまったくスポーツをやめたから、太ってきた」

étant donné (que) ... ……なので／……を考慮して

vu (que) とほぼ同じ。Je préfère vivre à la campagne étant donné la pollution dans les villes.「都会の汚染を考慮したら、私は田舎に住む方がまし」 ／ Étant donné qu'il est tard, tu ne veux pas plutôt dormir ici ?「もう遅いから、ここで泊まった方がよくない？」

en raison de ... ……の理由で

客観的な理由を表す。

grâce à ... ……のおかげで

いい結果の理由を表す。J'ai réussi grâce à ton aide.「あなたの援助のおかげで成功した」

à cause de ... ……のせいで

悪い結果の理由を表す。Je n'arrive pas à me concentrer à cause du boucan !「大騒ぎのせいで集中できない」

理由を言う（2）

そういうわけで［結果］

du coup だから／その結果／それゆえに

会話でよく使う。Marie a découvert qu'il la trompait, du coup elle a rompu.「マリは彼氏が浮気していたとわかったから、別れた」

résultat その結果

親しい間で会話でよく使う。Il a fait la fête jusque tard hier. Résultat, il est arrivé en retard ce matin.「昨日彼は遅くまでパーティーをした。だから今朝遅刻した」

donc したがって／だから

「論理的に考えた結果」を言う場合の表現。Il n'y avait rien d'intéressant à la télé hier soir, donc je me suis couché tôt.「昨日はテレビで面白い番組がなかったから早く寝た」

alors だから／この状況なので

Il a commencé à pleuvoir, alors on a arrêté de jouer.「雨が降り始めたので遊ぶのをやめた」

c'est pourquoi そういうわけで

Il n'y a plus de siège libre, c'est pourquoi on doit rester debout.「もう席がない。だから立っていなければならない」

c'est pour ça que ... そういうわけで…だ

会話でよく使う。Je ne l'ai pas invité à mon anniversaire. C'est pour ça qu'il fait la tête.「私は彼を誕生日パーティーに誘わなかった。そういうわけで彼はふくれている」

quoi …ということさ／つまり

文末に置く。会話でよく使う。Il va pleuvoir toute la semaine. – Nos vacances à la mer sont foutues quoi...「一週間ずっと雨だ」「海へのヴァカンスはだめになったってことさ…」

21 | 慰める・相談にのる

仲直りのアドバイス 🔊 DL136

Stéphane : Je voudrais vraiment me réconcilier avec elle.

Camille : Tout va s'arranger, ne t'en fais pas. Faut pas baisser les bras !

Stéphane : Tu ferais quoi à ma place ?

Camille : Comme elle ne veut plus te parler, c'est difficile. Mais si j'étais toi, j'attendrais deux, trois jours, le temps qu'elle se calme.

Stéphane : Et ensuite ?

Camille : Ensuite, essaye de l'appeler. Si elle te répond, tu pourras t'expliquer. Si elle t'ignore, tu devrais peut-être lui écrire une lettre pour lui dire ce que tu ressens vraiment. Et aussi, pourquoi ne pas lui envoyer des fleurs !

Stéphane : Ah oui, bonne idée !

Camille : Par contre, je te déconseille d'aller la voir chez elle tant qu'elle ne veut plus te parler. Ça ne fera qu'aggraver la situation.

Stéphane : D'accord. Merci pour tes conseils ! Heureusement que t'es là !

Camille : Tu sais bien que je serai toujours là pour toi !

6章 人間関係

和訳

ステファン：本当に彼女と仲直りしたい。
カミーユ：何事もうまく収まるよ、心配しないで。あきらめちゃだめよ！
ステファン：僕の立場だったら、どうする？
カミーユ：彼女がもうあなたと話をしたくないから、難しいわね。でも私なら、彼女が落ち着くために2、3日を待つかな。
ステファン：そうしたら？
カミーユ：そのあと彼女に電話してみて。電話に出てくれたら、説明できる。も

し無視されたら、本当の気持ちを伝えるために手紙を書くべきかも。それと、お花を送ったら？
ステファン：ああ、名案だね！
カミーユ：でも、彼女が話をしたくない限りは家には行かない方がいいと思う。状況が悪化するだけよ。
ステファン：わかった。アドバイスありがとう！君がいてくれてよかった！
カミーユ：あなたのためにいつもそばにいるって知っているでしょ！

Phrases Clés キーフレーズをチェック

❶ 慰める 🔊 DL137

Ça va aller.	うまくいくから。
Ça va bien se passer.	うまくいくよ。
Tout va s'arranger.	何事もうまく収まるよ。
Courage.	頑張って。
Aie confiance en toi.	自信をもって。
Tu peux le faire !	絶対にできるから！
Ressaisis-toi !	こらえて！／立ち直って！
C'est pas la fin du monde !	そんなにひどいことじゃないよ！

❶直訳は「この世の終わりじゃないよ」。

Patience, la roue va tourner.	がまんがまん、運命の輪が回るから。
Il ne faut pas baisser les bras.	あきらめちゃいけないよ。

❶腕を下げるともう行動しないという印象からの表現。

Mon pauvre.	かわいそうに。
Je te plains.	同情するよ。
Je suis là pour toi si tu as besoin.	もし必要なら君のためにそばにいるよ。
N'y pense plus.	もうそのことは考えないで。

❶penser à ...「…を考える」の à ... を y で置き換えている。

Ne t'en fais pas.	心配しないで。

❶もともと se faire du souci という表現で、du souci が省略されて en になっている。

Demain, ça ira mieux.	明日にはよくなるよ。
Ça ne sert à rien de ressasser.	くどくど繰り返すのは無駄だ。

❷ アドバイスする 🔊 DL138

Tu ferais quoi à ma place ?	私の立場ならどうする？
💬 Je serais toi, je+ 条件法現在 .	私なら、…する。

❶「私なら、…した」と過去のことを言いたい場合、前半を大過去にして J'aurais été toi+ 条件法過去とする。

💬 Si j'étais toi, je+ 条件法現在.　　　　もし私があなたなら、…する。

ⓘ「もし私があなたなら、…した」と過去のことを言いたい場合、前半を大過去にして Si j'avais été toi+ 条件法過去とする。

💬 À ta place, je+ 条件法現在／過去.　　　　私があなたの立場なら、…する。

Tu n'as qu'à ...　　　　…しさえすればいい。

ⓘ非難するときによく使う表現。過去のことだと tu n'avais qu'à ... になる。

Tu devrais ...　　　　…すべきだろう／…したほうがいい。

Tu ferais mieux de ...　　　　…するほうがいい。

Il vaudrait mieux que 接続法.　　　　…するほうがいい。

ⓘ Il vaut mieux「…するほうがいい」の条件法。

Ce serait mieux que 接続法.　　　　…するほうがいい。

ⓘ C'est mieux「…するといい」の条件法。

Essaie de ...　　　　…をしてみたら？

Je te conseille (fortement) de ...　　　　…を（強く）勧める。

Pourquoi ne pas ... ?　　　　…したらどう？

💬 Tu crois ?　　　　そう思う？

💬 Oui, t'as raison. C'est ce que je vais faire.　　　あなたの言う通り。そうしてみる。

💬 Ah bon ? Je ne sais pas trop...　　　そうかな？　よくわからない…。

Je te déconseille de ...　　　　…することは勧めない。

Il faut relativiser.　　　　相対的に考えるべき。

💬 Merci pour tes conseils.　　　アドバイスをくれてありがとう。

❸ 会話を広げるひと言　🔊 DL139

le temps que ...　　　　…するために必要な時間

toujours pas ...　　　　いまだに…ない

Heureusement que tu es là.　　　幸運にも君がいる。

Je serai toujours là pour toi.　　　あなたのためにいつもそばにいる。

Tu peux toujours compter sur moi.　　　いつも私を頼りにして。

① 音声を聞いて下線部をうめましょう。 🔊 DL140

1. Ça ___ _____, ne _____ _____ pas. Il ne faut pas _____ ___
   _____ !

2. Tu _____ quoi à ____ _____ ? — ___ _____ ____, je
   m'excuserais.

3. J'aimerais éviter les bouchons le matin... — ___ _____ _____ partir
   plus tôt !

4. Tu _____ oublier tout ça. Ça ne _____ __ _____ ___ ressasser.

② 例にならって文を書き換えましょう。

例 ：N'y va pas.

a) Je te conseille de ne pas y aller.   b) À ta place, je n'irais pas.

1. Arrive à l'heure.

a) _____

b) _____

2 Ne lui mentez pas.

a) _____

b) _____

③ 例にならって文を書き換えましょう。

例 ：Tu aurais dû lui dire.

a) Si j'avais été toi, je lui aurais dit.   b) À ta place, je lui aurais dit.

1. Tu aurais dû attendre les soldes.

a) _____

b) _____

2. Tu aurais dû te coucher plus tôt.

a) _____

b) _____

非難する・謝る

君のせいだ　◀) DL141

Jérémy : Putain, Christelle, tu fais chier ! Qu'est-ce que t'as foutu ?

Christelle : Quoi ? Qu'est-ce que j'ai fait ?

Jérémy : Tu vois bien ! La cuisine est toute dégueulasse...

Christelle : C'est pas moi ! J'y suis pour rien !

Jérémy : Ah bon ? C'est qui alors ?

Christelle : Je sais pas... Le chien ?

Jérémy : Arrête de te foutre de ma gueule !

Christelle : Oui, bon, j'avoue, c'est moi. Mais ça sert à rien de t'énerver pour si peu ! Calme-toi.

Jérémy : J'en ai marre, c'est toujours pareil, tu ne ranges jamais ! C'est de ta faute si la maison est toujours sale.

Christelle : Je suis désolée, j'ai pas fait exprès. J'ai complètement oublié de nettoyer. Je te promets de faire plus attention la prochaine fois.

Jérémy : Tu parles...

6章
人間関係

和訳

ジェレミー：ちぇっ、クリステル、もう！ 何
　　　　　　したんだよ？
クリステル：何？ 私が何かした？
ジェレミー：ほら、見てわかるだろ！ キッチ
　　　　　　ンが超汚いじゃん…。
クリステル：私じゃない！ そんなの全然関係
　　　　　　ない！
ジェレミー：そう？ じゃあ誰のせい？
クリステル：わからない…犬？
ジェレミー：ふざけんなよ。

クリステル：はいはい、私よ。でもこんな些細
　　　　　　なことかんかんに怒らなくていいの
　　　　　　に！ 落ち着いて。
ジェレミー：もううんざり、いつもこう、君は
　　　　　　いつも片づけしないよな！ 家がい
　　　　　　つも汚いのは君のせいだよ。
クリステル：ごめん。わざとじゃないの。片づ
　　　　　　けるのをすっかり忘れてた。次は
　　　　　　もっと気を付けるって約束する。
ジェレミー：よく言うよ…。

Phrases Clés　キーフレーズをチェック

① 怒る　🔊 DL142

Je suis furieux(se).	かんかんに怒っている。
Je suis {en colère / fâché(e)} contre ...	…に怒っている。
se mettre en colère / s'énerver	腹を立てる
Je suis {énervé(e) / vénère}.	いらいらする。

　❶ vénère は親しい間での表現。

péter les plombs	怒り狂う

　❶ plombs は電気ヒューズのこと。

C'est la goutte d'eau qui fait déborder le vase.	堪忍袋の緒が切れる。

　　❶ 直訳は「その一滴で水がめの水があふれる」。

Je vais lui faire voir de quel bois je me chauffe !	あいつに思い知らせてやる。

② うんざりさせる　🔊 DL143

Tu me prends {le chou / la tête}.	君にはうんざりさせられる。
Tu m'énerves.	君にはうんざりさせられる。
Tu es lourd(e).	君にはいらいらさせられる。
Tu me fais chier.	君にはうんざりだ。
Tu dépasses les bornes.	君は度を越している。

③ 非難する・批判する　🔊 DL144

C'est de ta faute (si ...).	(…なのは) 君のせいです。
C'est à cause de toi (si ...).	(…なのは) 君のせいです。
💬 J'y suis pour rien !	それには私はまったく関係がない！
💬 Ce n'est pas moi !	私じゃない！
J'en ai {assez / marre / ras-le-bol}.	もううんざりだ。

　　❶ de 動詞 / que ... を続けると「…にはうんざり」という表現になる。

Il ne fallait pas ...	…べきじゃなかった。

Tu n'aurais pas dû ...	…べきじゃなかった。
Tu as eu tort (de ...).	君は（…するのは）間違っている。
Qu'est-ce que tu as {fait / foutu} ?	何をしてかした？

❶ foutu は foutre の過去分詞。foutre は口語で faire と同じ意味で使う。

T'es {fou / folle} d'avoir fait ça !	そんなことをするなんてどうかしてる！
Arrête de te foutre de ma gueule.	私をばかにしないで。

❶ se foutre de ...「…を何とも思わない／ばかにする」

Tu te fous de moi ?	私をばかにしているだろう？
Arrête de me prendre pour {un imbécile / un idiot / un con}.	
	私をばか扱いしないで。
Arrête de chercher des excuses.	言い訳を探すのはよせ。
Tu es de mauvaise foi.	不誠実だ／平気でうそをつく。
Tu abuses, sérieux !	マジ、やりすぎだよ！

❶ 口語では T'abuses と省略して言うことが多い。

Tu déconnes.	無茶している。

❹ 謝る 🔊 DL145

人間関係

{Pardonne-moi / Excuse-moi} (de ...).	（…して）すみません。
Je suis vraiment navré(e) (de ...).	（…して）誠に申し訳ありません。
(Je suis) Désolé(e).	ごめんなさい。

❶ Désolé. は単独でも使える。

Je n'ai pas fait exprès (de ...).	（…したのは）わざとではありません。
Je n'ai pas fait {attention / gaffe}.	注意していませんでした。
💬 Ce n'est pas grave. / Ce n'est rien.	大丈夫です。[大したことではない]
💬 Il n'y a pas de {mal / souci}.	とんでもないです。
💬 Ne t'inquiète pas.	心配しないで。

❶ 会話では T'inquiète. とだけ言うことが多い。

💬 Ça arrive à tout le monde.	誰にでもあることです。
Je vais me racheter.	過ちを償います。
Je l'ai en travers de la gorge.	それをまだ許せない。

111

① 音声を聞いて下線部をうめましょう。　🔊 DL146

Valérie　: J'en ____ _____ ____ Paul !

André　: Qu'est-ce qu'il a fait ?

Valérie　: Il _____ ! Il ne lave jamais sa vaisselle !

André　: C'est pas la peine de t'énerver pour si peu ! _____ _____.

Valérie　: C'est pas la première fois... C'est la _____ _____ qui fait déborder ____ _____ !

② 音声を聞いて下線部をうめましょう。また、同じ意味の文を線で結びましょう。

🔊 DL147

1. _____ __ cause de _____.　・　　・ Tu m'énerves.

2. Tu ____ _____ la tête.　・　　・ Qu'est-ce que t'as fait ?

3. Qu'est-ce que t'as _____ ?　・　　・ Tu n'aurais pas dû.

4. Il ____ _____ _____.　・　　・ C'est de ta faute.

③ 音声を聞いて下線部をうめましょう。　🔊 DL148

1. Qu'est-ce que t'as _____ ? — J'ai pas fait _____, désolé...

2. Je suis vraiment _____. Je vais ____ _____, promis !

3. _____ ____ lui dire ! T'es fou ! — J'ai pas _____ _____...

4. Cet exercice ____ _____ ____ _____, je comprends rien.

5. Excusez-moi... — C'est pas _____, ça arrive à _____ ____ _____.

6. C'est ____ ____ _____ si j'ai raté mon bus ! — Tu ____ _____ ____ moi ?

あなたのおかげ 🔊 DL149

Romain : Toutes mes félicitations pour ta médaille d'or ! T'as été fabuleuse !

Magalie : Merci ! J'en reviens toujours pas. Je suis trop contente !

Romain : Ben, pourquoi tu pleures ?

Magalie : Parce que je suis très émue... Je pleure de joie ! C'est le plus beau jour de ma vie.

Romain : Tu l'as mérité ! T'as travaillé dur.

Magalie : Merci, mais c'est grâce à toi, je te dois une fière chandelle. Je n'y serais jamais arrivée sans toi. Tu m'as toujours encouragée.

Romain : C'est rien, c'est normal. Je suis vraiment fier de toi. Il va falloir fêter ça en tous cas ! En plus, aujourd'hui, c'est ton anniversaire, non ?

Magalie : Oui... Le hasard fait bien les choses !

Romain : Joyeux anniversaire !

6章
人間関係

和訳

ロマン ：金メダルおめでとう！ 素晴らしかった！

マガリー：ありがとう！ いまだに驚きがおさまらなくて。とてもうれしい！

ロマン ：え、なんで泣いてるの？

マガリー：とても感動してるから…。うれしくて泣いてるの！ 今日は私の人生で最高に幸せな日。

ロマン ：それに値するよ！ 猛練習したね。

マガリー：ありがとう、でもね、あなたのおかげよ、あなたには本当に助けてもらった。あなたなしでは絶対に成功しなかったわ。いつも私を励ましてくれた。

ロマン ：いや、当然だよ。君を本当に誇りに思うよ。とにかく、ぜひお祝いしなくちゃ！ それに、今日は君の誕生日でしょ？

マガリー：そうね…。偶然にもそうなった！

ロマン ：誕生日おめでとう！

Phrases Clés キーフレーズをチェック

❶ 幸せな気持ちを伝える 🔊 DL150

Je suis {super / trop} content(e).	とてもうれしい。
Je suis très heureux(se).	とても幸せ。
Je suis {content(e) / heureux(se)} pour toi.	あなたの成功をうれしく思う。
Je suis aux anges.	有頂天になっている。
(Putain.) C'est génial.	すごい！／やった！
C'est trop bien !	やった！
C'est le pied.	そいつはすばらしい！
Quel bonheur !	なんて幸せ！
C'est magnifique !	すばらしい！
Je pleure de joie.	うれしくて泣いている。
Je suis {fou / folle} de joie.	気が狂うほどうれしい。
Je ne pouvais pas rêver mieux.	夢にも思っていなかった。
C'est le plus beau jour de ma vie.	人生で最高の日だ。
La vie est belle !	人生はなんて美しいんだ！
sauter de joie	小躍りして喜ぶ
Je suis très ému(e).	とても感動している。

❷ 祝う・たたえる 🔊 DL151

Toutes mes félicitations (pour ...).	（…を）おめでとうございます。
Je suis fier(ère) de toi.	あなたを誇りに思います。
Tu as été parfait(e).	君は完璧だった。
Bravo !	ブラボー！
Alors là, chapeau (bas) !	脱帽します！
Respect !	尊敬します！
Tu le mérites !	［頑張ったので］当然のご褒美だ！
Tu t'es bien {débrouillé(e) / démerdé(e)}.	うまくやったね／切り抜けたね。

❸ 感謝する 🔊 DL152

Je te remercie (infiniment).	本当にありがとうございます。
Je te suis (infiniment) reconnaissant(e).	本当に感謝しています。
Je ne sais pas comment vous remercier.	なんとお礼を言ってよいかわかりません。
Je ne sais pas comment vous exprimer ma gratitude.	

なんと感謝の気持ちを表現すればいいかわかりません。

Je n'y serais pas arrivé(e) sans toi. 　　君なしでは成功しなかったでしょう。

　❶ 過去の時点での仮定をしているので、条件法過去を使う。

Je n'oublierai jamais ce que tu as fait pour moi.

私のためにしてくれたことを決して忘れない。

C'est grâce à toi.	あなたのおかげです。
J'espère vous rendre la pareille un jour.	

いつか同じようにお返しをしたいと思います。

❹ 予想していなかったとき 🔊 DL153

Je ne m'y attendais pas.	そんなことは予想してなかった。
Je ne pensais pas {réussir / y arriver}.	成功するなんて思わなかった。
Ça alors !	なんてこった！／これは驚いた！

❺ 誕生日、記念日 🔊 DL154

(Je te souhaite un) Joyeux anniversaire !	誕生日おめでとう！
Je te souhaite plein de bonheur.	幸せになりますように。
Joyeux Noël.	メリークリスマス。
Bonnes fêtes de fin d'année.	よいお年を。

　❶ 12 月の半ばごろから言う。

Bonne année. 　　　　　　　　　　　　新年おめでとう。

❻ 会話を広げるひと言 🔊 DL155

Ça s'arrose.	それはお祝いに一杯やらなくては。
Il va falloir fêter ça.	お祝いをしなくては。
Il va falloir marquer le coup.	［できごとを］記念してお祝いしなくては。
Je n'en reviens toujours pas.	まだ驚きが収まらない。
Le hasard fait bien les choses.	偶然にもそうなる。

Exercices 練習しましょう

① 音声を聞いて下線部をうめましょう。 🔊 DL156

1. C'est génial, _____ ! ― Merci, je _____ _____ pas !
2. Je suis ____ _____, c'est ____ _____ _____ jour de ____ _____ !
3. J'y _____ ___ _____ _____ toi, je ____ _____ infiniment.
4. Toutes mes _____ _____ ton mariage !
5. Je ____ _____ plein de bonheur. ― Merci, c'est gentil.
6. J'ai réussi mon examen ! ― _____ ! Je suis _____ ___ toi !

② 音声を聞いて下線部にフランス語を入れて、相当する日本語に番号を入れましょう。 🔊 DL157

1. Ça _____ .
2. _____ _____ !
3. Je te _____ _____ de bonheur !
4. Il va falloir _____ ___.
5. _____ anniversaire !
6. Je _____ suis _____.

( ) あけましておめでとう。
( ) お祝いしなくては。
( ) お誕生日おめでとう。
( ) 感謝しています。
( ) 幸せになりますように。
( ) それはお祝いに一杯やらなくては。

③ 音声を聞いて下線部をうめましょう。 🔊 DL158

Valérie : Quand j'ai appris que j'avais réussi mon examen, j'ai _____ ___ _____ !

André : Je suis vraiment _____ _____ ____. Tu le _____ !

Valérie : Merci, c'est gentil. Sur le moment, j'ai _____ ___ _____ !

André : Il va _____ _____ ___ en _____ _____ !

夫へのプレゼント　🔊 DL159

Marie : Il faut que j'aille acheter le cadeau pour mon mari avant que les magasins ferment. Demain, c'est son anniversaire ! Toute la famille sera là.

François : Ah oui ? C'est génial que tout le monde se réunisse pour les anniversaires. Tu vas lui acheter quoi ?

Marie : Une machine de musculation, pour qu'il maigrisse.

François : Je ne pense pas que ça lui fasse très plaisir...

Marie : C'est le but ! Pour mes 40 ans, je voulais qu'on parte en voyage en Grèce. Mais au lieu de ça, il m'a offert une cuisinière afin que je puisse lui cuisiner de "bons petits plats"... Je trouve égoïste qu'il m'ait offert ça, du coup je me venge !

François : Ça coûte cher ! Quel gâchis...

Marie : Oui, c'est pour ça que j'ai attendu que ce soit les soldes !

François : Ah... Si ton mari ne s'en sert pas, je te la rachèterai. J'ai envie de me venger de ma femme...

Marie : Ça marche. Comme il déteste le sport, je doute qu'il s'en serve !

6章

人間関係

和訳

マリー ：店が閉店する前に夫のためのプレゼ
　　　　ントを買いに行かないと。明日は彼の
　　　　誕生日だ。家族がみんな来てくれる。
フランソワ：そうなんだ。誕生日にみんな集ま
　　　　るっていいね。何を買うの？
マリー ：筋力トレーニングマシーン、やせ
　　　　るために。
フランソワ：あまり喜ばれないんじゃない…？
マリー ：それが目的だよ！　私の40歳を
　　　　祝って、一緒にギリシャに旅行した
　　　　かった。だけど、そのかわり、新し

いレンジをくれて、彼においしい料
理作れるようにって…そんなものを
私に贈って自己中心的なんだから、
復讐するの！
フランソワ：高い！　もったいないなぁ。
マリー ：うん、だからセールを待ってた！
フランソワ：あ…もしマリーの旦那さんが使わな
　　　　かったら、買い取るね。うちの妻に
　　　　復讐したいから…。
マリー ：オッケー。運動は大嫌いだから、
　　　　使わないでしょ！

Phrases Clés キーフレーズをチェック

❶ 主観的な考えを表す 🔊 DL160

❶ 接続法は主観的な視点を表す。主節と接続詞queのあとで主語が異なるときに接続法を使う（主語が同じ場合は直説法を使う）。接続法現在は未完了の行為、過去は完了した行為を表す。

接続法現在（未完了）J'ai peur qu'il perde. 「私は彼が負けないかと心配だ」

過去（完了）J'ai peur qu'il ait perdu. 「私は彼が負けたのではないかと心配だ」

Je voudrais que tu viennes.	あなたに来てほしい。
J'aimerais que vous soyez à l'heure.	あなたに時間通りに着いてほしい。
Je souhaite qu'il réussisse.	彼が成功することを願っている。
{Je veux qu' / J'ai envie qu'}il me téléphone.	私は彼に電話してほしい。
Je suis triste qu'il ...	…が悲しい

❶ 他にも content「うれしい」、fier「自慢だ」、heureux「幸せ」、désolé「お気の毒」、surprise「びっくり」などの形容詞が使える。

Je trouve important qu'on communique.

私たちがコミュニケーションをとるのが大切だと思う。

❶ Je trouve 形容詞 que 主語＋接続法で「…するのが［形容詞］と思う」。

C'est embêtant qu'il ne réponde pas.　　　彼が返事していないことに困る。

❶ 強調するときは C'est que 主語＋接続法という形で文頭に C'est que を置く。

Je regrette que nous l'ayons recruté.	彼を雇ったことを後悔している。
J'ai hâte qu'on soit en été.	早く夏が来るのを楽しみにしている。
J'ai besoin que tu m'aides.	君に私を手伝ってもらう必要がある。
Il me tarde qu'elle arrive.	彼女が到着するのが待ちきれない。

❷ 疑い 🔊 DL161

Je crains que ce soit trop tard.	もう遅すぎないかと心配する。
J'ai peur qu'il se mette en colère.	彼が怒ってしまうのを心配する。
Je doute qu'il me mente.	彼は私にうそをついていないと思う。
Je ne crois pas qu'il y ait grève.	ストライキがあるとは思わない。
Je ne pense pas que ce soit nécessaire.	必要だとは思わない。

J'attends que le film commence. 　　　　映画が始まるのを待っている。

Je m'attends à ce qu'il arrive en retard. 　　　彼が遅れて着くだろうと思っている。

En attendant qu'il se réveille, je prépare le petit déjeuner.

　　　　　　　　　　　彼が起きてくるまでに、私は朝ごはんの準備をする。

Je lui explique jusqu'à ce qu'elle comprenne. 　　彼女が理解するまで私は説明する。

On est rentrés avant qu'il fasse nuit. 　　暗くなってしまう前に私たちは帰った。

　　ⓘ après que のときは接続法を使わない。ただし、フランス人でも間違えている人は少なくは
　　ない。

Il faut qu'il dorme. 　　　　　　　　　　彼は寝る必要がある。

Il vaut mieux que tu te reposes. 　　　　君は休んだほうがいい。

Il suffit qu'il boive un verre de vin pour être bourré.

　　　　　　　　　　　彼はワイン一杯だけで酔ってしまう。

Il se peut qu'on se trompe. 　　　　私たちは間違っているかもしれない。

Il est fréquent qu'elle parte en voyage. 　　彼女が旅行に行くのは頻繁なことだ。

Il est rare que mon frère tombe malade. 　　私の兄が病気になるのはめずらしい。

Pourvu qu'il y arrive ! 　　　　　　彼ができるといいのだが！

Je fais la cuisine à condition que tu fasses le ménage !

　　　　　　　　　君が掃除をするというなら、私が料理をします！

Demain, nous allons à la mer à moins qu'il pleuve.

　　　　　　　明日、雨が降らなければ私たちは海に行く。

Je l'aide à étudier pour qu'elle réussisse ses examens.

　　　　　　　彼女は合格するために私は彼女の勉強を手伝う。

　　ⓘ afin que も pour que のかわりに使える。より改まった言い方になる。

Elle est partie sans que je puisse lui dire que je l'aimais.

　　　　　私が彼女に「愛している」を言えないままに彼女は去ってしまった。

6章
人間関係

Exercices 練習しましょう

① 例にならって文を作り換えましょう。

例 ：Tu me dis la vérité.
→ J'aimerais que tu me dises la vérité.
→ Je veux que tu me dises la vérité.

1. Je viens avec lui.
→ Il aimerait que _____
→ Il veut que _____

2. Tu es plus sérieuse.
→ Elle _____
→ Elle _____

② 日本語をフランス語に訳しましょう。

1. 私はあなたが去って悲しい。

_____

2. 私は天気が良くなるのが待ちきれない。

_____

3. 友達は私が仕事を終えるのを待っている。

_____

4. 私はあなたが掃除しないことを普通だとは思わない。

_____

5. あなたの妹が早く治るためにはあなたはこの薬を買う必要がある。

_____

表現のバリエーション

くだけた会話での表現（1）

à l'arrache
ぞんざいに／はやく

Il fait toujours ses devoirs à l'arrache. Il n'est pas sérieux ! 「彼はいつもぞんざいに宿題をやっている。不真面目だ！」

se barrer / se casser / se tirer
立ち去る

J'en ai marre... On se barre ? 「もういやだ。行っちゃおうか？」

chialer
泣く

Julien a chialé quand il a appris qu'il avait raté son examen. 「ジュリアンは試験に落ちたことを知ったときに泣いた」

crever
死ぬ

Mon voisin a oublié d'arroser ses fleurs, du coup elles ont crevé. 「隣の人が花に水をやるのを忘れたから枯れちゃった」

dégager
どく

Dégages ! Tu vois pas que tu gênes ? 「どくんだ！　お前は邪魔ってわからない？」

avoir la flemme de ...
…するのがおっくうだ

J'ai faim, mais j'ai la flemme de faire à manger... 「お腹が空いたけど、料理をするのがおっくうだ」

s'en battre les couilles de ...
…はどうでもいい／なんとも思わない

Elle s'en bat les couilles de mon avis. 「彼女は僕の意見はなんとも思わない」

avoir des couilles
意気地がある

avoir du courage と同じ意味。Il n'a pas les couilles de lui dire la vérité. 「彼は彼女に本当のことを言う勇気がない」

casser les couilles
うんざりさせる

Ce travail me casse les couilles depuis le début. 「この仕事には最初からうんざりしている」

partir en couilles
しくじる

Au début, la réunion s'est bien passée, mais après c'est parti en couilles. 「最初は会議がうまく行っていたけど、そのあとはしくじちゃった」

表現のバリエーション

くだけた会話での表現 (2)

enfoiré
ばか／まぬけ

Il m'a pas invité à son mariage ! Quel enfoiré !「彼は僕を結婚式に誘ってくれなかった！　なんてマヌケ！」

flic / poulet
警官

Fais gaffe, y a les flics !「気をつけろ、警官がきた！」

un gars
やつ／男

C'est qui, ce gars ?「あいつって誰？」

les gars
みんな［男］

Attendez-moi les gars, j'ai bientôt fini !「みんなちょっと待てよ、もうすぐ終わるから！」

se magner
急ぐ

Allez, magne-toi, on va être en retard !「さあ、急いでよ、遅れちゃう！」

paumer
なくす

perdre と同じ。Merde, j'ai paumé mon portable. Tu l'as pas vu ?「ちぇ、携帯をなくした。見なかった？」

se paumer
道に迷う

se perdre と同じ。On s'est paumés dans la forêt le weekend dernier.「先週末、森で道に迷った」

se planter / se gourrer
間違える

se tromper と同じ。Je me suis gourré, on est le 21 !「間違えた。21 日だ！」

poireauter
じっと待つ

Ça fait 30 minutes que je poireaute dans le froid.「寒さの中でじっと待って 30 分になる」

grave
すごく／マジで

Il fait chaud ici, tu trouves pas ? − Grave !「ここは暑いよね」「マジでそう！」

putain
やばい

いい意味でも悪い意味でも、強調したいときに使う。Putain, fait chier !「ちぇ、面倒だ！」／ Putain, c'est génial !「やばい、うれしい！」／ Putain, c'est dur !「やばい、大変だ！」／ Putain ! Tu m'as fait peur !「ちぇ、びっくりしたよ！」

sérieux ?
マジ？

J'ai raté mon permis... − Sérieux ?「運転免許に落ちた…」「マジで？」

Prononciation

2

A 1. mou 2. le 3. doux 4. pu 5. sous 6. veut 7. fut 8. nu
B 1. voile 2. loup 3. clé 4. mal 5. rire 6. durer 7. alaiter 8. père 9. riz
C 1. libre 2. voir 3. vient 4. j'ai bu 5. vivre 6. boue 7. abbé 8. la vie 9. le banc
D 1. italienne 2. bon 3. fin 4. sonne 5. mien 6. train 7. prochaine 8. pleine
  9. tronc

4

1. Je mange avec elle à midi. Tu veux venir avec nous ?
   彼女と一緒に正午に食事します。君も私たちと一緒に来ますか。

2. Cette école est ouverte le dimanche, mais elle est fermée le lundi.
   この学校は日曜日は開いていますが、月曜日は閉まっています。

3. Il en a besoin pour étudier.　彼は勉強しなくてはいけません。

4. J'ai plein de choses à faire en ce moment. Je suis très occupée.
   私はいまやることがたくさんある。とても忙しいんです。

5. J'habite à Paris mais j'adore aller chez mon oncle à Nice.
   私はパリに住んでいますが、ニースの叔父の家に行くのが大好きです。

5

1. Stéphane 2. Nicolas 3. Fabien 4. Anthony 5. Anaïs 6. Jean-Luc

I　初 対 面 の 挨 拶

1

1. est-ce que : Est-ce que tu as des frères et sœurs ? / 倒置形 : As-tu des frères et sœurs ?
2. 親しい : Tu fais quoi dans la vie ? / est-ce que : Qu'est-ce que tu fais dans la vie ?
3. 親しい : Tu t'appelles comment ? / 倒置形 : Comment t'appelles-tu ?

2

1. <u>Enchanté</u>, je m'appelle Vincent, <u>je viens de</u> Nice. Et vous ?
   はじめまして、ヴァンサンと言います。ニースの出身です。あなたは？

2. Je suis <u>ravie de</u> vous rencontrer ! － <u>De même</u>.
   お会いできて光栄です！－こちらこそ。

3. Que fais-tu dans la vie ? — Je suis policier.　仕事は何をしているの？ー警察官です。

4. Tu as des frères et sœurs ? — Non, je suis fille unique.
   きょうだいはいますか？ーいいえ、私はひとりっ子です。

5. Heureuse de te connaître ! — Tout le plaisir est pour moi.
   お会いできてうれしいです！ーこちらこそ光栄です。

6. Ravi de vous avoir rencontrée. — Moi de même.
   あなたと知り合えて光栄です。ーこちらこそ。

7. C'est un plaisir de faire votre connaissance. — Pareillement !
   あなたと知り合えて光栄です。ーこちらもです！

２　　自己紹介・人を紹介する

❶

1. C'est mon copain. Il est Suisse.
2. Lui, c'est son meilleur ami. Il est professeur à la fac.
3. C'est ma nouvelle voiture. Elle est super jolie, non ?
4. C'est qui sur la photo ? — C'est ma mère.
5. Ce sont tes jouets ? — Oui, mais ils sont cassés...
6. Le fromage, c'est bon !
7. Ils sont japonais. Ce sont des amis.
8. Le Japon, c'est un pays unique.
9. Ce sont des étudiantes très sérieuses.
10. Elles sont jeunes. Elles sont encore étudiantes.

❷

1. Salut ! Je te présente Erina. C'est mon amie japonaise.
   やあ！　エリナを紹介するよ。私の日本人の友達だよ。
2. C'est Michel. C'est un collègue.　こちらはミッシェル。同僚です。
3. Vous vous connaissez depuis combien de temps ？　いつからお知り合いですか。
4. Ça fait super longtemps qu'on se connaît !　私たちが知り合ってからかなり長いね！
5. On s'est connus au lycée.　私たちは高校で知り合いました。

３　　知人・友人との挨拶

❶

1. te / une
2. Salut.
3. ça / Rien de
4. le / la
5. de

❷

1. Salut ! Tu as des nouvelles de Cathy ? — Oui ! Elle va bien.
   やあ！　キャシーから連絡があった？ーうん！　彼女は元気だよ。

2. Coucou. <u>Ça</u> <u>fait</u> longtemps. <u>La</u> <u>forme</u> ?　ヤッホー。久しぶり。元気？

3. Je vous <u>laisse</u>. <u>Passez</u> une bonne soirée !　先に失礼します。よい晩を！

4. Ça va pas ? Qu'est-ce que <u>tu</u> <u>as</u> ? － Je vais pas très bien.
　元気ないの？　どうしたの？－元気がないんだ。

5. Salut ! Alors, <u>quoi</u> <u>de</u> <u>neuf</u> ? － <u>Pas</u> <u>grand</u> <u>chose</u>, et toi ?
　やあ！　最近何か変わったことはあった？－特に何も。君は？

❸

Clara : Salut Vincent ! <u>Ça</u> <u>va</u> ?

Vincent : Salut ! <u>Tranquille</u>, et toi ?

Clara : <u>Bof</u>, je suis un peu malade.

Vincent : Ah bon ? <u>Qu'est-ce</u> <u>que</u> <u>tu</u> <u>as</u> ?

Clara : Je suis juste enrhumée. (...)

Clara : Bon, je <u>te</u> <u>laisse</u>. Je <u>dois</u> <u>y</u> <u>aller</u>. À bientôt, j'espère.

Vincent : <u>Ça</u> <u>marche</u>. Prends <u>soin</u> <u>de</u> <u>toi</u>. À bientôt !

クララ：やあ、ヴァンサン！　元気？

ヴァンサン：やあ！　元気だよ。君は？

クララ：まあまあ。ちょっと病気なんだ。

ヴァンサン：そう？　どうしたの？

クララ：ちょっと風邪を引いたんだ。(…)

クララ：よし、先に行くよ。行かなくちゃ。また近いうちにね。

ヴァンサン：わかった。お大事に。またね！

4　体 調 に つ い て 話 す

❶

1. Comment tu <u>t'es</u> <u>fait</u> <u>ça</u> ? － <u>En</u> <u>tombant</u> dans les escaliers.
　それどうしたの？－階段で転んだ。

2. <u>Qu'est-ce</u> <u>qui</u> <u>t'est</u> <u>arrivé</u> ? － Je me suis fait <u>une</u> <u>entorse</u>.
　何があったの？－ねんざしちゃった。

3. J'ai <u>attrapé</u> la grippe... － Ah oui ? <u>Soigne-toi</u> bien !
　インフルエンザにかかった…。一本当？　お大事に！

4. Ça <u>va</u> <u>mieux</u> ? - Oui, j'ai complètement guéri !
　よくなった？－うん、完全に治った！

5. <u>Qu'est-ce</u> <u>que</u> t'as ? － J'ai le nez <u>qui</u> <u>coule</u>, et mes yeux <u>me</u> <u>piquent</u>.
　どうしたの？－鼻水が出て、目もちくちくする。

6. Atchoum ! － À <u>tes</u> <u>souhaits</u> !　はっくしょん！－お大事に！

7. Bois ça ! Tu vas <u>reprendre</u> <u>du</u> <u>poil</u> de la bête grâce à cette boisson !
　これを飲んで！　これを飲んだら元気になるよ。

解答

❷

1. J'ai mal à la gorge, je tousse, et j'ai de la fièvre.
2. J'ai la nausée et j'ai la tête qui tourne, mais je n'ai pas mal au ventre.
3. Je me suis fait mal au bras en tombant.
4. Je suis enrhumé... Atchoum ! — À tes souhaits !

5　好 み を 話 す

❶

1. Qu'est-ce que t'aimes <u>comme</u> dessert ? — <u>J'adore</u> les gâteaux !
   デザートは何が好き？　ケーキが大好き！
2. Ce professeur <u>plaît</u> beaucoup <u>à ses</u> étudiants.　この先生は学生たちに好かれている。
3. Le restaurant t'a <u>plu</u> ? — Oui, <u>j'ai</u> <u>adoré</u>.
   レストランは気に入った？ーうん、すごく気に入った。
4. Je préfère la voiture <u>à</u> la moto. Pas toi ?　私はバイクより自動車が好き。君はちがう？
5. <u>C'est quoi</u>, ça ? — C'est mon nouveau sac. <u>T'aimes</u> pas ?
   これは何？ー私の新しいかばんです。あなたは好きじゃない？

❷

1. le / J'adore ça
2. je l'ai beaucoup aimé
3. Il adore ça
4. J'adore ça / je le déteste
5. j'adore ça

❸

1. Tu préfères le rouge ou le bleu ? — J'adore les deux !
2. Le football est un de mes sports préférés.
3. Qu'est-ce que tu regardes comme film ? — J'adore les films d'action.
4. Il préfère sortir plutôt que rester chez lui.
5. Ta nouvelle chambre te plaît ?

6　印 象 を 話 す

❶

1. T'en as pensé quoi, du restaurant ?
2. Elle te plaît, la photo ?
3. Elle est comment, ta nouvelle école ?
4. Tu l'as trouvé comment, le pain ?
5. Vous le trouvez intéressant, le film ?

❷

Genya : Alors, t'en as <u>pensé quoi</u> de Paris ?
Ayako : J'ai <u>trouvé</u> ça génial ! <u>Qu'est-ce que</u> c'est beau !
Genya : <u>C'est clair</u> ! Les bâtiments sont superbes. T'es allée au Louvre ?
Ayako : Oui, bien sûr. <u>Quel</u> immense musée !

Genya : Oui, c'est bien vrai. Et c'était comment ?

Ayako : J'ai adoré ! Mais je n'ai pas eu le temps de tout visiter.

Genya : Je vois. Tu penses retourner en France bientôt ?

Ayako : Oui, mais la prochaine fois, je pense que ce sera en été !

Genya : T'as raison ! Il fait froid et gris en hiver.

ゲンヤ：そうそう、パリについてどう思う？

アヤコ：すごかった！　とてもきれいなの！

ゲンヤ：そうだね！　建物が圧巻だね。ルーヴル美術館には行ったの？

アヤコ：もちろん。なんて大きな美術館なの！

ゲンヤ：うん、本当にね。それでどうだった？

アヤコ：とても気に入った！　でもぜんぶを回る時間はなかった。

ゲンヤ：なるほど。また近いうちにフランスに戻りたいと思う？

アヤコ：うん、でも次回は、夏にしようと思っている。

ゲンヤ：その通りだ！　冬は寒くてどんよりしてるね。

7　外見や性格を説明する

①

Paul : T'as un nouveau petit ami ? Il est comment <u>physiquement</u> ?

Gaëlle : C'est <u>quelqu'un</u> qui a beaucoup de charme. Il est châtain <u>aux</u> yeux bleus, et il <u>fait</u>
　　　1 mètre <u>80</u>.

Paul : Et <u>intérieurement</u> ?

Gaëlle : C'est <u>une</u> <u>personne</u> calme et modeste. Il a aussi le <u>sens</u> <u>de</u> l'humour. C'est très
important pour moi. Par contre, il a un peu <u>mauvais</u> <u>caractère</u>.

ポール：新しい彼氏がいるの？　外見はどんな人なの？

ガエル：とても魅力的で腰が低いの。ブラウンの髪で青い目で、身長は 180 センチある。

ポール：性格は？

ガエル：落ち着いていて謙虚。ユーモアもある。わたしにはそれはとても重要なの。でも、
少し性格が悪い。

②

1. Elle est comment physiquement ? — Elle a beaucoup de charme !

2. Je préfère les hommes qui ont le sens de l'humour.

3. Il est mince, élégant, et il a un très beau sourire.

4. Tu mesures combien ? — Je fais 1 mètre 76.

5. C'est quelqu'un de modeste, drôle, et souriant.

③ 解答例

1. Je suis plutôt quelqu'un de joyeux(se) mais je suis un peu bavarde.

2. Je mesure 1 mètre 60, j'ai les cheveux châtain et les yeux bruns.

解答

❶

1. Ça fait longtemps que tu fais du foot ? — Depuis que j'ai 17 ans.
   サッカーをして長いですか？ー 17 歳のときからです。
2. Ma mère va chez le coiffeur toutes les deux semaines.
   私の母は 2 週間ごとに美容院に行く。
3. Tu fais de la guitare depuis combien de temps ? — Ça fait 2 mois.
   君はギターをいつからやっているの？ー 2 か月前から。
4. Je joue aux échecs depuis le lycée. J'y joue tous les mercredis après-midi.
   私は高校生のときからチェスをやっている。（それを）毎週水曜日の午後にやる。
5. Je cours au moins deux fois par semaine.   私は週に 2 回走る。

❷

Valérie : Qu'est-ce que tu fais de ton temps libre ?

André : Depuis que j'ai déménagé à la campagne, je fais du cheval deux fois par mois. Je
          fais aussi de la randonnée avec des amis environ tous les mois.

Valérie : D'accord, et à part le sport ?

André : Je suis passionné de cinéma ! Je regarde beaucoup de films, à peu près 10 films par
          semaine. Et toi, t'as des passions ?

ヴァレリー：暇なときは何をしているの？

アンドレ：田舎に引っ越してからは、月に 2 回乗馬をしている。ほぼ毎月友達と一緒に
          ハイキングもするよ。

ヴァレリー：なるほど、スポーツ以外は？

アンドレ：映画に夢中！　たくさん映画を見るよ、週に 10 本くらい。君は熱中している？

1. Vrai   2. Faux

❶

1. T'es déjà allé en Corse ? — Non, pas encore mais c'est prévu.
   コルシカ島に行ったことがある？ーいや、まだだけど予定している。
2. Après-demain, je vais à Paris pour la première fois.   明後日、私ははじめてパリに行く。
3. Tu te souviens quand on s'est rencontrés ?   いつ知り合ったか覚えている？
4. Avant, j'adorais prendre des photos, mais plus maintenant.
   以前は、写真を撮るのが好きだったけど、いまはちがう。
5. À l'époque, j'étais très sportif.   当時、私はとてもスポーツ好きだった。
6. Je prends l'avion demain pour la première fois de ma vie !
   私は明日人生初の飛行機に乗る！

❷
1. Est-ce qu'ils ont déjà mangé du lapin ?
2. Quand j'étais enfant, j'adorais jouer avec mes amis.
3. Ça fait longtemps que tu es arrivé ?
4. Ça faisait longtemps que je n'avais pas vu mes amis.
5. Autrefois, je faisais beaucoup de sport.
6. Je suis jamais allé à Paris. J'y vais demain pour la première fois !
7. Avant, je regardais beaucoup la télévision, mais plus maintenant.

10　約束や予定を決める

❶
1. Tu as quelque chose de prévu samedi prochain ?
2. Ça t'intéresserait d'aller à la piscine avec nous ?

❷
1. 受け入れる場合 Oui, je suis libre.
　　受け入れない場合 Non, je suis pris. / je ne suis pas disponible.
2. 受け入れる場合 Oui je veux bien. / Pourquoi pas. など
　　受け入れない場合 Non merci, ça me dit rien. など

❸
Valérie : Salut ! Tu es <u>libre</u> ce dimanche ?
André : <u>Normalement</u> oui, mais c'est pas encore sûr. Pourquoi ?
Valérie : <u>Ça te dirait</u> une petite randonnée ?
André : Ah oui, <u>avec joie</u> !
Valérie : Super ! Tu me <u>tiens au courant</u> de tes <u>disponibilités</u> alors ?
André : Ça marche ! Je vais <u>vérifier mon emploi</u> du temps.
ヴァレリー：やあ！　この日曜日は暇？
アンドレ：たぶん空いてるけど、まだ確実じゃない。どうして？
ヴァレリー：ちょっとハイキングするのはどう？
アンドレ：いいね、喜んで！
ヴァレリー：よし！　都合を教えてくれる？
アンドレ：わかった！　仕事のスケジュールを確認してみる。

解答

11　お願いをする

❶
1. 受け入れる場合 Avec plaisir !／受け入れない場合 Désolée, mais ça va être difficile là.
2. 受け入れる場合 Bien sûr ! Je t'écoute.
　　受け入れない場合 Désolée, mais j'ai pas trop le temps.

❷

1. Ah Sophie ! Tu <u>tombes</u> bien ! − Qu'est-ce qui se passe ?
   あ、ソフィー！　ちょうどよかった！−どうしたの？

2. Tu <u>peux</u> me passer le sel s'il te plaît ?　塩を取ってくれますか？

3. Ah, je <u>voulais</u> te <u>demander</u>.　あ、ちょっと聞きたかったんだけど。

4. Ça t'<u>embête</u> pas d'éteindre la télévision ?　テレビを消してくれる？

5. Je peux <u>te</u> demander <u>un</u> service ? − Désolée, mais j'ai pas <u>le</u> temps.
   少しお願いしてもいいですか？−すみません、時間がありません。

6. Je <u>savais</u> que je pouvais <u>compter</u> sur toi.　やっぱり君は頼れる。

7. Tu peux <u>me</u> rendre un service ? − Je t'<u>écoute</u>.
   ちょっとお願いしてもいい？−喜んで。

8. Est-ce que vous <u>pourriez</u> faire moins de bruit s'il vous plaît ?
   もう少し静かにしていただけますか。

12　許可する・禁止する

❶

1. Ça te dérange pas si j'ouvre la fenêtre ?

2. Ça te dérange pas si je change de chaîne ?

❷

1. On n'a pas le droit de s'asseoir ici.

2. On n'a pas le droit d'utiliser le téléphone portable.

❸

1. Ça te dérange pas <u>si</u> j'allume la télé ? − Non, <u>vas-y</u>.
   テレビをつけても大丈夫？−うん、どうぞ。

2. Je <u>peux</u> t'emprunter un stylo ? − Oui, <u>bien sûr</u>.
   ペンを借りてもいいですか？−はい、もちろん。

3. Il <u>te</u> <u>faut</u> de nouvelles chaussures de sport.　君は新しい運動靴が必要だ。

4. Il est <u>interdit</u> <u>de</u> fumer ici.　ここは禁煙です。

5. On n'a pas <u>le</u> <u>droit</u> <u>de</u> prendre des photos.　写真撮影は禁止です。

6. Ça ne vous <u>ennuie</u> pas si je m'asseois ici ? − Non, je <u>vous</u> <u>en</u> <u>prie</u>.
   ここに座ってもいいですか？−はい、どうぞ。

13　時間や期限について話す

❶

1. dans / en début de　　2. il y a / en fin de　　3. à partir de　　4. depuis

2

1. On est en avance, donc prends ton temps.
   ［予定より］早いから、ゆっくりしてください。

2. Je suis à la bourre ! J'ai presque 30 minutes de retard !
   私は遅刻だ！　30分近く遅れている！

3. Marie va arriver en retard, vers 13h30.　マリーは遅れて、13時30分頃に着く。

4. Le midi, je mange en 15 minutes.　　お昼は、私は15分で食べる。

5. Je reviens, je vais chercher les enfants. J'en ai juste pour quelques minutes.
   子どもを迎えに行って戻ってきます。数分しかかかりません。

3

1. Je serai[suis] en France du 11 juillet au 5 août.

2. Tu en es où dans ton livre ? — J'en suis au début.

3. On est en avance de 15 minutes donc on a le temps d'aller acheter du pain.

4. Tu as pris ta douche en combien de temps ? — En 10 minutes !

5. Il pleut à partir de demain jusqu'à jeudi.

6. Il est arrivé il y a 45 minutes. Marie arrive dans 5 minutes.

14　もてなす

1

1. Faites comme chez vous.
2. Il se fait tard.
3. Passons à table.
4. On ne va pas tarder à y aller.
5. Merci d'être venu.
6. On prend l'apéro ?
7. Vous avez besoin d'aide ?

（1）どうぞごゆっくり。
（6）アペリティフを食べましょうか。
（3）食卓につきましょう。
（4）もうそろそろ帰ります。
（5）来てくれてありがとう。
（2）もう遅くなった。
（7）お手伝いは必要ですか。

解答

2

Valérie : Salut ! Entre, je t'en prie. On attendait plus que toi !

André : Salut ! Tiens, j'ai apporté un gâteau pour le dessert.

Valérie : Ah merci ! C'est gentil ! Par contre, tu peux te déchausser s'il te plaît ?

André : Ah, oui, ça marche.

Valérie : Allez, viens, on est en train de prendre l'apéro !

ヴァレリー：やあ！　どうぞ入ってください。もう君を待つだけだったんだ！

アンドレ：やあ！　どうぞ、デザートのケーキを持ってきたよ。

ヴァレリー：ああ、ありがとう！　うれしい！　ところで、靴を脱いでくれる？

アンドレ：あ、うん、わかった。

ヴァレリー：さあ、来て、アペリティフを飲んでるところなんだ。

❸

1. <u>Tiens</u>, je t'ai <u>apporté</u> une bouteille de vin. — Ah merci, <u>c'est</u> <u>sympa</u> !
   どうぞ、ワインを 1 本持ってきました。—ありがとう、ご親切に！

2. Je <u>te</u> <u>sers</u> un verre de vin ? — Ah, <u>c'est</u> <u>pas</u> <u>de</u> <u>refus</u> ! Merci !
   ワインを注ぎましょうか？—喜んで！　ありがとう！

3. Il <u>se</u> <u>fait</u> tard, on va pas <u>tarder</u> <u>à</u> y aller ! — Merci <u>d'être</u> <u>venus</u> !
   遅くなりました。もうそろそろ帰ります。—来てくれてありがとう。

4. Je <u>t'en</u> prie, <u>assis-toi</u> ! — Merci, c'est gentil.
   どうぞ、座ってください。ご親切にありがとう。

15　レ ス ト ラ ン を 楽 し む

❶

1. Regarde ces plats ! — Oh, ça <u>donne</u> faim !　料理を見て！—お腹がすくね！

2. Messieurs, vous avez <u>décidé</u> ? — <u>Pas</u> <u>encore</u>.　お決まりですか？—まだです。

3. On <u>se</u> <u>fait</u> un resto ? Je t'invite !　レストランに行く？　ごちそうするよ。

4. C'est prêt ! Venez à table ! — Ça <u>sent</u> <u>bon</u> !　準備ができた！　テーブルに着いて！
   —いい匂い！

5. Attends ici. Je vais <u>régler</u> l'addition.　待っててください。私が会計を済ませます。

6. Je suis complètement <u>bourrée</u>. — Oui, tu ne <u>tiens</u> pas l'alcool !
   完全に酔っぱらった。—うん、君はお酒が弱いね！

7. J'ai un <u>petit</u> <u>creux</u>, pas toi ? — Moi, je <u>meurs</u> de faim !
   私はちょっとお腹がすいた。あなたはそうでもない？—腹ペコだ！

8. Qu'est-ce que vous me <u>conseillez</u> comme vin ?　ワインは何がおすすめですか？

❷

◇ J'ai réservé au nom de [自分の名前]. ／◇ Je vais prendre le menu à 19 euros. ／
◇ Ce sera tout, merci. ／◇ Je me suis régalé(e). Pourrais-je avoir l'addition s'il vous plaît.

16　買 い 物 を す る

❶

1. Elle coûte combien ? — Cette veste <u>est</u> <u>à</u> 39 euros.
   これはいくらですか？—このジャケットは 39 ユーロです。

2. J'<u>en</u> <u>ai</u> <u>eu</u> pour 90 euros. — Eh beh, c'est <u>pas</u> <u>donné</u> !
   これを 90 ユーロで買いました。—まあ、高い！

3. Vous faites quelle <u>taille</u> ? — Je <u>fais</u> <u>du</u> 38.　サイズはいくつですか？— 38 です。

4. Ça <u>vous</u> <u>fera</u> 58 euros. Vous <u>réglez</u> comment ?
   こちらで 58 ユーロになります。お支払いはいかがなさいますか。

5. Bonjour, est-ce que je peux <u>essayer</u> ce vêtement ?
   こんにちは、この服を試着できますか。

6. Bonjour, je peux vous <u>aider</u> ? — Bonjour, je cherche une écharpe. Aussi, est-ce que vous <u>auriez</u> des chapeaux ?
いらっしゃいませ、お手伝いしましょうか？ーこんにちは、マフラーを探しています。それと帽子もありますか？

7. Il vous fallait autre chose ? — Non, <u>c'est bon</u>, merci !
ほかに何かお探しですか？ーいいえ、大丈夫です、ありがとう。

8. <u>Ça me va</u> bien ? — Ça te va super bien !　似合うかな？ーすごく似合ってる！

9. <u>Vous payez</u> comment ? — <u>Par carte</u> s'il vous plaît !
お支払いはいかがなさいますか。ークレジットカードでお願いします。

1. Ça <u>te</u> <u>va</u> bien !　　　　2. Je <u>regarde juste</u>.　　　　3. C'est <u>à la mode</u>.
4. C'est <u>pas donné</u>...　　　5. <u>Combien</u> ça <u>coûte</u> ?　　6. C'est <u>en promotion</u>.
7. Vous <u>réglez comment</u> ?

（6）セール中です。　（3）流行っている。　（7）お支払方法はいかがなさいますか。
（4）高い！　（1）似合うね。　（5）いくらですか。　（2）見ているだけです。

17　観光スポットを楽しむ

❶
1. Qu'est-ce qu'il y a <u>d'intéressant</u> à faire dans le <u>coin</u> ?
この辺でやるべき面白いことは何かある？

2. <u>Veuillez</u> ne pas faire de bruit s'il vous plaît.　お静かにお願いします。

3. J'aimerais avoir des <u>renseignement</u> sur les tours guidés.
ツアーガイドの情報が知りたいのですが。

4. Comme je n'aime pas beaucoup <u>la foule</u>, je préfère <u>sortir des</u> sentiers battus.
私は人混みが好きじゃないから、人とちがうところに出かけるほうがいい。

5. C'est <u>gratuit</u> ? — Non, c'est <u>payant</u>.　無料ですか？ーいいえ、有料です。

6. Ces tableaux sont <u>splendides</u> ! Ils <u>méritent</u> le coup d'œil !
そこの絵画はすばらしい！　見る価値がある！

❷
1. Ce château vaut le détour.
2. Je déteste faire la queue.
3. Ce musée date du 18ème siècle.
4. Cet endroit est magnifique, et la vue est superbe.
5. Savez-vous où se trouve le guichet ?
6. Il y a des trucs intéressants à faire par ici ?

18 驚きや疑い

❶

Frédéric : Tu <u>sais</u> <u>pas</u> <u>quoi</u> ?

Jessica : Non, quoi ?

Frédéric : Tu vas pas <u>le</u> <u>croire</u> ! À ce qu'il <u>paraît</u>, Pierre va aller habiter à Londres...

Jessica : Non, c'est <u>pas</u> <u>vrai</u> ? Tu <u>déconnes</u> ?

Frédéric : Non, je <u>te</u> <u>jure</u>...

Jessica : <u>Ça</u> <u>m'étonne</u> qu'il ne m'ait rien dit.

Frédéric : Attends, c'est <u>pas</u> <u>fini</u> ! Tu <u>vas</u> <u>halluciner</u>... Il paraît aussi qu'il va divorcer...

Jessica : <u>Sérieux</u> ? ... C'est louche. Moi, je <u>suis</u> <u>persuadée</u> qu'il te fait une blague !

フレデリック：知らない？

ジェシカ：いえ、何を？

フレデリック：信じられないだろうな！　見たところ、ピエールはロンドンで暮らそう
　　　　　　としているんだ。

ジェシカ：うそでしょう？　冗談でしょう？

フレデリック：いや、誓うよ。

ジェシカ：彼が私に何も言ってくれないなんて驚き。

フレデリック：待って、話は終わってないんだ！　信じられないだろうけど…。彼は離
　　　　　　婚するみたいなんだ…。

ジェシカ：ほんとう？　それはおかしいね。彼はあなたに冗談を言ったんだと信じるわ。

1.　Faux　　　　2.　Faux

❷

1.　<u>Devine</u> quoi !　　　2.　<u>Hein</u> ?　　　3.　Ça ne <u>lui</u> <u>ressemble</u> pas.

4.　Je t'<u>assure</u> !　　　5.　J'<u>hallucine</u> !　　　6.　C'est <u>louche</u>.

（2）何？　　　（6）妙だね。　　　（1）当ててみて！　　　（4）そうと断言している。

（3）彼／彼女らしくない。　　　（5）信じられない。

19 落胆や後悔

❶

1.　Il aurait dû étudier. / Il regrette de ne pas avoir étudié.

2.　Je n'aurais pas dû lui dire mon secret. / Je regrette de lui avoir dit mon secret.

3.　Tu n'aurais pas dû acheter un nouveau téléphone. / Tu regrettes d'avoir acheté un
nouveau téléphone.

❷

Valérie : Tu fais une <u>drôle</u> <u>de</u> <u>tête</u>, qu'est-ce <u>qui</u> <u>ne</u> <u>va</u> <u>pas</u> ?

André : Je <u>me</u> <u>suis</u> engueulé avec Marie, et elle <u>me</u> <u>fait</u> <u>la</u> <u>gueule</u> maintenant.

Valérie : T'as essayé de te réconcilier avec elle ?

André : Oui, mais elle ne veut plus me parler.

Valérie : Mais pourquoi vous vous êtes disputés ?

André : J'ai mangé le dernier gâteau qu'il y avait dans le frigo. Si j'avais su, je lui aurais laissé !

Valérie : Elle t'en veut juste pour ça ?

ヴァレリー：暗い顔してるね、どうしたの？

アンドレ：マリーと言い争いしちゃって、彼女はいま僕にふくれてるんだ。

ヴァレリー：彼女と仲直りしようとした？

アンドレ：うん、でももう僕と話したくないって。

ヴァレリー：でもどうしてけんかしたの？

アンドレ：冷蔵庫に残っていた最後のケーキをボクが食べたんだ。知っていたらマリー
の残しておいたのに！

ヴァレリー：彼女はそれだけで君を責めてるの？

20　恋　愛

❶

André : Je suis tombé amoureux d'une fille, mais elle a un copain...

Valérie : C'est sérieux entre eux ?

André : Ils sont ensemble depuis 3 ans...

Valérie : Ah mince... Il faut chercher quelqu'un d'autre alors !

André : Je sais, mais c'est pas facile... Je ne sais pas draguer, et je me prends toujours des
râteaux !

アンドレ：好きな女の子ができたけど、彼氏がいるんだ…。

ヴァレリー：ふたりは真剣に付き合ってるの？

アンドレ：３年間付き合っている…。

ヴァレリー：ああ、残念ね。誰かほかを探さないとね！

アンドレ：わかってるよ、でも簡単じゃないんだ。ナンパもできないし、いつもフラレ
るんだ！

❷

1. Il me tarde de te revoir ma chérie, tu me manques !　早く君に会いたい、恋しい！

2. Pierre a rencard avec une fille ce soir. ― Encore ?!
ピエールは今晩女の子とデートだ。ーまた？

3. Il te plaît pas ? ― C'est pas mon type...　彼は気に入らない？ータイプじゃない…。

4. T'as déjà eu le coup de foudre ? ― Non, jamais...
ひと目惚れしたことある？ーまだない…。

5. Qu'est-ce qui te plaît chez elle ? ― Son sourire, ses yeux... Tout !
彼女のどこがいいの？ー笑顔、目…。全部！

❸

1. Mon petit copain me manque. Il me tarde de le voir.

2. Tu cherches un petit ami ? — Oui, mais tu n'es pas mon type, désolée !

3. Je suis tombée amoureuse de Tom. — Qu'est-ce qui te plaît chez lui ?

4. Ton copain t'a déjà trompée ? — Non, jamais !

21 　慰 め る ・ 相 談 に の る

❶

1. Ça va aller, ne t'en fais pas. Il ne faut pas baisser les bras !
   うまくいくよ、心配しないで。あきらめちゃいけない！

2. Tu ferais quoi à ma place ? — Si j'étais toi, je m'excuserais.
   君が私だったらどうする？―私だったら、謝るでしょうね。

3. J'aimerais éviter les bouchons le matin... — Tu n'as qu'à partir plus tôt !
   朝の渋滞は避けたいんだけど。―早く出発すればいいだけだよ！

4. Tu devrais oublier tout ça. Ça ne sert à rien de ressasser.
   すべて忘れることだ。繰り返すのは無駄だ。

❷

1. a) Je te conseille d'arriver à l'heure.　　b) À ta place, j'arriverais à l'heure.

2. a) Je vous conseille de ne pas lui mentir.　　b) À votre place, je ne lui mentirais pas.

❸

1. a) Si j'avais été toi, j'aurais attendu les soldes.　b) À ta place, j'aurais attendu les soldes.

2. a) Si j'avais été toi, je me serais couché plus tôt.
   b) À ta place, je me serais couché plus tôt.

22 　非 難 す る ・ 謝 る

❶

Valérie : J'en ai marre de Paul !

André : Qu'est-ce qu'il a fait ?

Valérie : Il m'énerve ! Il ne lave jamais sa vaisselle !

André : C'est pas la peine de t'énerver pour si peu ! C'est rien.

Valérie : C'est pas la première fois... C'est la goutte d'eau qui fait déborder le vase !

ヴァレリー：ポールにはうんざりだ！

アンドレ：彼がどうかしたの？

ヴァレリー：彼にはいらいらする！　彼は絶対に皿を洗わないんだ！

アンドレ：そんなささいなことでいらだつ必要はないよ。なんでもないことでしょう。

ヴァレリー：これがはじめてじゃないんだ…。堪忍袋の緒が切れるよ！

❷
1. C'est <u>à</u> cause de <u>toi</u>.   ·   ·   Tu m'énerves.
2. Tu <u>me</u> <u>prends</u> la tête. ·   ·   Qu'est-ce que t'as fait ?
3. Qu'est-ce que t'as <u>foutu</u> ? ·   ·   Tu n'aurais pas dû.
4. Il <u>ne</u> <u>fallait</u> <u>pas</u>.   ·   ·   C'est de ta faute.

❸
1. Qu'est-ce que t'as <u>foutu</u> ? − J'ai pas fait <u>exprès</u>, désolé...
   何をしたの？ーわざとじゃないんです、ごめんなさい。
2. Je suis vraiment <u>navré</u>. Je vais <u>me</u> <u>racheter</u>, promis !
   誠に申し訳ありません。弁償します！
3. <u>Fallait</u> <u>pas</u> lui dire ! T'es fou ! − J'ai pas <u>fait</u> <u>gaffe</u>...
   彼に言ってはいけなかったのに！ー不注意でした…。
4. Cet exercice <u>me</u> <u>prend</u> <u>la</u> <u>tête</u>, je comprends rien.
   この練習問題にはうんざりだ、まったくわからない。
5. Excusez-moi... − C'est pas <u>grave</u>, ça arrive à <u>tout</u> <u>le</u> <u>monde</u>.
   ごめんなさい…。大丈夫です、誰にでもあることです。
6. C'est <u>de</u> <u>ta</u> <u>faute</u> si j'ai raté mon bus ! − Tu <u>te</u> <u>fous</u> <u>de</u> moi ?
   バスを逃したのは君のせいだ！ーばかにしてるのか？

23　祝 う・感 謝 す る

❶
1. C'est génial, <u>bravo</u> ! − Merci, je <u>m'y</u> <u>attendais</u> pas !
   すごい、おめでとう！ーありがとう、予想してなかったよ！
2. Je suis <u>aux</u> <u>anges</u>, c'est <u>le</u> <u>plus</u> <u>beau</u> jour de <u>ma</u> <u>vie</u> !
   すごいうれしい、人生で最高の日です！
3. J'y <u>serais</u> <u>pas</u> <u>arrivé</u> <u>sans</u> toi, je <u>te</u> <u>remercie</u> infiniment.
   君なしではできなかった、本当にありがとう。
4. Toutes mes <u>félicitations</u> <u>pour</u> ton mariage !　ご結婚おめでとう！
5. Je te <u>souhaite</u> plein de bonheur. − Merci, c'est gentil.
   幸せをお祈りします。ー親切にありがとう。
6. J'ai réussi mon examen ! − <u>Respect</u> ! Je suis <u>fier</u> <u>de</u> toi !
   試験に受かった！ーすごい！　君を誇りに思うよ！

解答

❷
1. Ça s'arrose.   2. <u>Bonne</u> <u>année</u> !   3. Je te <u>souhaite</u> <u>plein</u> de bonheur !
4. Il va falloir <u>fêter</u> ça.   5. <u>Joyeux</u> anniversaire !   6. Je <u>vous</u> suis reconnaissante.

(2) あけましておめでとう。　（4）お祝いしなくては。　（5）お誕生日おめでとう。
(6) 感謝しています。(3)幸せになりますように。(1)それはお祝いに一杯やらなくては。

❸

Valérie : Quand j'ai appris que j'avais réussi mon examen, j'ai <u>sauté de joie</u> !

André : Je suis vraiment <u>content</u> <u>pour</u> <u>toi</u>. Tu le <u>mérites</u> !

Valérie : Merci, c'est gentil. Sur le moment, j'ai <u>pleuré de joie</u> !

André : Il va <u>falloir</u> <u>fêter</u> <u>ça</u> en <u>tous</u> <u>cas</u> !

ヴァレリー：試験に合格したと聞いたときは、うれしくて飛び上がったよ！

アンドレ：君の成功を本当にうれしく思うよ。当然の結果だね！

ヴァレリー：ありがとう。その瞬間、うれしくて涙が出た！

アンドレ：とにかくお祝いしなくちゃね！

24　意見を言う

1. Il aimerait que je vienne avec lui. / Il veut que je vienne avec lui.

2. Elle aimerait que tu sois plus sérieuse. / Elle veut que tu sois plus sérieuse.

1. Je suis triste que tu partes.

2. Il me tarde qu'il fasse beau.

3. Mes amis attendent que je finisse le travail.

4. Je ne trouve pas normal que tu ne fasses pas le ménage.

5. Il faut que tu achètes ces médicaments pour que ta sœur guérisse vite.

Ⅰ 冠詞

不定冠詞

	単数	複数
男性	un	des
女性	une	

- ❶ 不定冠詞は初めて話題に出たものや特定されていないもの、種別を指すときに使う。「ある一つの/あるいくつかの」という意味。

- ❶ 名詞の前に置く。名詞の性・数に一致させる。

定冠詞

	単数	複数
男性	le / l'	les
女性	la / l'	

- ❶ 固有名詞を含む、唯一のものを表す場合に使う。La tour Eiffel est à Paris.「エッフェル塔はパリにある」/ Le Mont Saint-Michel est très joli.「モン・サン・ミシェルはとても美しい」

- ❶「〜というものは」などのように、一般的な物事について話すときに使う。Les petits chats sont mignons.「子ネコはかわいいものだ」

- ❶ 聞き手が何について話しているかがわかっている、または、すでに話題に出たものなど、特定のものを指すときに使う。La maison est sale !「家が汚い！」（すでに話題に出た、特定された家）

部分冠詞

男性	du / de l'
女性	de la / de l'

- ❶ 不定冠詞と同じ機能だが、数えられないもの（不可算名詞）、ある集合や全体の一部を表す。を表すときに使う。Nous mangeons souvent du poisson le soir.「私たちはよく夕食に魚を食べる」（魚を1尾ではなく切り身＝部分で食べる）

- ❶ 抽象名詞を指すときに使う。J'ai de la chance !「運がいい！」/ Tu as du courage.「勇気があるね」

文法の補足

139

❶否定形のときは否定の de を使う。Je ne peux pas manger de viande.「私は肉は食べられない」

❶数量の副詞を使う場合、部分冠詞を de にする。T'as trop de chance !「かなりついてるね！」

❷ 形容詞

女性形の変化　　　　　　　　　　　　　　**男性形 ＋ e が原則**

❶ -on, -en, -el で終わる単語は -onne, -enne, -elle になる。
bon / bonne　italien / italienne

❶ -eur, -eux で終わる単語は -euse になる。sérieux / sérieuse　serveur / serveuse

❶ -f で終わる単語は -ve になる。naïf / naïve　sportif / sportive

❶ -er で終わる単語は -ère になる。dernier / dernière　cher / chère

❶ -teur で終わる職業を表す語は -trice になる。
instituteur / institutrice　例外 chanteur / chanteuse

不規則の形容詞変化

doux / douce　　faux / fausse　　gros / grosse　　beau / belle　　frais / fraîche
nouveau / nouvelle　vieux / vieille　long / longue　blanc / blanche　franc / franche
mou / molle　　fou / folle　　gentil / gentille　　favori / favorite　　malin / maligne

❸ 所有形容詞

	男性単数	女性単数	複数
je	mon	ma (mon)	mes
tu	ton	ta (ton)	tes
il / elle	son	sa (son)	ses
nous	notre	notre	nos
vous	votre	votre	vos
ils / elles	leur	leur	leurs

❶母音で始まる女性形の名詞の前では、ma, ta, sa ではなく mon, ton, son を使う。
mon école

④ 疑問文の作り方

親しい疑問文　　　　　　　　　　　　　　　　主語＋動詞 ？

❶ 肯定文と同じ語順で、語尾を上げる。Tu vas à Toulouse ?「トゥールーズに行くの？」

普通の疑問文　　　　　　　　　　　　Est-ce que 主語＋動詞 ？

❶ Est-ce que tu vas à Toulouse ?

丁寧な疑問文　　　　　　　　　　　　　　　動詞＋主語 ？

❶ 主語と動詞を倒置する。主語が人称代名詞のときは動詞と主語の間に － を入れる。
Vas-tu à Toulouse ?

❶ 主語が il, elle, on で動詞の語尾が -a か -e の場合は、母音が続くのを避けて -t- が入る。
Va-t-elle à Toulouse ?

⑤ 疑問詞のある疑問文の作り方

親しい疑問文　　　　　　　　　　　　　主語＋動詞＋疑問詞 ？

❶ 肯定文と同じ語順で、最後に疑問詞をつけて、語尾を上げる。Tu vas où ?「どこに行くの？」

普通の疑問文　　　　　　　　　　疑問詞＋ est-ce que ＋主語＋動詞 ？

❶ Où est-ce que tu vas ?

丁寧な疑問文　　　　　　　　　　　疑問詞＋動詞＋主語 ？

❶ 主語と動詞を倒置する。主語が人称代名詞のときは動詞と主語の間に － を入れる。
Où vas-tu ?

文法の補足

❻ 目的語代名詞

	je	tu	il	elle	nous	vous	ils / elles
直接目的語 代名詞	me (m')	te (t')	le (l')	la (l')	nous	vous	les
間接目的語 代名詞	me (m')	te (t')	lui		nous	vous	leur

❶ 直接目的語代名詞は、前置詞がつかない動詞の目的語に対して使う。

Je mange {la / ma / cette} pomme. → Je la mange.「私はそれ［＝リンゴ］を食べます」

❶ 間接目的語代名詞は、前置詞 à がつく動詞の目的語に対して使う。人とのコミュニケーション、つながりを表す動詞のため、原則として à の後ろは人のみ。

Je parle à Julie. → Je lui parle.「私は彼女［＝ジュリー］に話す」

❶ en と一緒に使うとき、en は動詞の直前に置く。

❼ 代名詞 en

de 以下の目的語（名詞または節）を代用する

J'ai besoin de dormir 8 heures. → J'en ai besoin.

Il veut parler de ses problèmes. → Il veut en parler.

❶ de 以下が人の場合は、原則として en ではなく強勢形を使う。

Mon petit frère a peur de toi.「私の弟は君を怖がっている」/ J'ai besoin de lui pour mon travail.「私の仕事には彼（女）が必要だ」

数量（不定冠詞、部分冠詞、数量副詞、否定の de、数詞がついた名詞）を代用する

J'ai une petite amie.「私にはガールフレンドがいる」→ J'en ai une.

On regarde beaucoup de séries.「私たちはシリーズドラマをたくさん見る」

→ On en regarde beaucoup.

Il n'a pas de frère.「彼は兄弟がいない」→ Il n'en a pas.

de 以下に示された場所を代用する

Tu viens de l'école ?「君は学校から来たの？」− Oui, j'en viens.

名詞 de 名詞のときに 2 つ目の名詞を代用する

Il oublie souvent le nom des films.「彼はしょっちゅう映画の名前を忘れる」

→ Il en oublie souvent le nom.

Je suis le professeur de la classe.「私はそのクラスの教師です」→ J'en suis le professeur.

❽ 命令形

命令形の活用は現在形と同じで、主語を省く。

ただし、第1群規則動詞、aller, ouvrir 型の場合は tu のときは語末の s をとる。

Tu parles. → Parle.「話して」

Nous continuons. → Continuons.「続けよう」

Vous ne partez pas. → Ne partez pas.「出発しないでください」

不規則活用をする動詞

	être	avoir	savoir	vouloir
tu	sois	aie	sache	-
nous	soyons	ayons	sachons	-
vous	soyez	ayez	sachez	veuillez

目的語代名詞は動詞の後ろに置き、動詞と目的語代名詞を - でつなげる。

Tu le manges. → Mange-le.「それを食べて」

On y va. → Allons-y.「行きましょう」

代名詞 me は moi、te は toi になる。

Vous me parlez. → Parlez-moi.「私に話してください」

Tu te dépêches. → Dépêche-toi.「急いで」

> ❶ en と y を動詞の後ろに置く場合、第1群規則動詞と aller, ouvrir 型の tu への命令の場合も語末の s をとらず、リエゾンする。
>
> Tu y vas. → Vas-y.「そこに行って」/ Tu en manges. → Manges-en.「それを食べて」/
>
> Tu en cueilles. → Cueilles-en.「それを摘んで」

> ❶ ただし、y の後ろに動詞の原形が後続すると、s をつけない。
>
> Tu vas y manger. → Va y manger.「そこに食べに行って」

否定命令形で目的語代名詞を使う場合、語順は肯定文と変えない。

Tu n'y vas pas. → N'y va pas.「そこに行かないで」

Nous n'en mangeons pas. → N'en mangeons pas.「それは食べないでおこう」

On ne se dispute pas. → Ne nous disputons pas.「争わないでおきましょう」

目的語代名詞が2つある場合は先に直接目的語を置く。

Tu me donnes ce stylo. → Donne-le-moi.「私にそれ［=ペン］をください」

> ❶ en と y の場合は、moi は me、toi は te となり、その後ろに中性代名詞 en と y を置く。
>
> Tu m'en donnes. → Donne-m'en.「私にそれをください」/ Tu t'en souviens. →
>
> Souviens-t'en.「それを思い出して」/ Tu t'y intéresses. → Intéresse-t'y.「それに興味
>
> をもって」

❾ c'est と il / elle est の違い

人や物を説明する　　　　　　　　　il / elle est + 国籍／職業／形容詞

- ❶ 国籍と職業は形容詞のような役割を持つので、冠詞はつけない。人・物を説明する。
  Elles sont japonaises.「彼女たちは日本人です」/ Il est professeur.「彼は教師をしています」/ Elle est jolie.「彼女は／これはきれいです」

誰か、何かを尋ねる／答える　　　　c'est / ce sont 冠詞など+名詞

- ❶ A=B という関係を示す。C'est mon frère.「こちらは兄です」

「c'est + 形容詞」と「il /elle est + 形容詞」の違い

- ❶ 一般的な物について説明するときは c'est +形容詞を使う。
- ❶ 幅広くそのときの印象などを伝える場合、c'est +形容詞を使う。
  C'est bon !「美味しい！」/（写真を見ながら）C'est beau !「きれい！」
- ❶ c'est +形容詞は人を指せない。形容詞はいつも男性単数形を用いる。
  La peinture, c'est joli.「絵画というものはきれいです」
- ❶ 主語が話題に出た物など「この」と特定できるときは il /elle est +形容詞を使う。
  Cette peinture, elle est jolie.「この絵画、これはきれいです」

❿ trouver と penser の違い

感覚や体験、印象を伝える　　　　trouver

- ❶ Je trouve qu'il fait chaud ici l'été.「ここは夏のときは暑いな」

合理的に考察したこと、予想を伝える　penser

- ❶ Je pense qu'il fait chaud ici l'été.「ここは夏はきっと暑いと思う」
- ❶ trouver と異なり、penser +名詞+形容詞という言い方がない。

キーフレーズのテーマ索引

*数字はユニットを、〇囲みの数字はキーフレーズの見出し番号を示します。

■挨拶
初対面の挨拶 ……………………………… 1 ①
親しい間の挨拶 …………………………… 3 ①
調子を尋ねる・答える …………………… 3 ②
近況を尋ねる ……………………………… 3 ③
別れるときの挨拶 ………… 3 ④, 13 ②, 14 ④

■自己紹介
自己紹介 …………………………………… 2 ①
職業 ………………………………………… 1 ③
出身 …………………………………… 1 ②, 2 ①
家族 ………………………………………… 1 ④

■人を紹介する・説明する
人を紹介する ……………………………… 2 ②
付き合いの長さ ……………………… 2 ③, 8 ③
外見を描写する …………………………… 7 ①②
性格を描写する …………………………… 7 ③④

■体調
体調を尋ねる ……………………………… 4 ①
症状を言う ………………………………… 4 ②
けが ………………………………………… 4 ③
いたわりのひと言 ………………………… 4 ④

■好み
好みを尋ねる ……………………………… 5 ①
好き・嫌い ………………………………… 5 ③
恋愛の好み ………………………………… 20 ①

■趣味
趣味を尋ねる・答える …………………… 8 ①

■感想
印象を尋ねる ……………………………… 6 ①
印象を伝える ……………………………… 6 ④
食事の感想 ………………………………… 15 ③
観光地の感想 ……………………………… 17 ③
試着の感想 ………………………………… 16 ③

■頻度
頻度 ………………………………… 8 ②, 24 ④
久しぶりに…する ………………………… 9 ③
めずらしい ………………………………… 24 ④

■期間
期間 ………………………………………… 8 ③
付き合いの長さ …………………………… 2 ③
［恋人の］付き合いの長さ ……………… 20 ③

■経験
したことがある・ない …………………… 9 ①
はじめて…する …………………………… 9 ②
久しぶりに…する ………………………… 9 ③
昔の習慣 …………………………………… 9 ④

■約束や予定
都合を尋ねる ……………………………… 10 ①
提案する …………………………………… 10 ②
日時や場所の詳細 ………………… 10 ③, 13 ①

■時間
日時や場所の詳細 ………………… 10 ③, 13 ①
所要時間 …………………………………… 13 ③
遅れる ……………………………………… 13 ④
早い ………………………………………… 13 ④
…前・後 …………………………………… 13 ②
…するまでに ……………………………… 24 ③

■お願い
お願いをする ……………………………… 11 ①②
…してほしい ……………………………… 24 ①
お礼 ………………………………………… 11 ③

■許可・禁止
許可を得る ………………………………… 12 ①
許可を確認する …………………………… 12 ②
禁止する …………………………………… 12 ④

■必要

…する必要がある ……………… 12③, 24①④

[買い物] …を探している ……………… 16①

■意見

意見を尋ねる …………………………… 6①

賛成する ………………………………… 6②

反対する ………………………………… 6③

疑う ……………………………………… 18③

確実さ …………………………………… 18④

心配する ………………………………… 24②

…と思わない …………………………… 24②

…かもしれない ………………………… 24④

アドバイスする ………………………… 21②

慰める …………………………………… 21①

非難・批判 ……………………………… 22③

■感情

驚く …………………………… 18①②, 23④

悲しい ………………………… 19①, 24①

後悔する ……………………… 19②, 24①

恋する ………………………………… 20②④

怒る ……………………………………… 22①

うんざり ………………………………… 22②

うれしい ………………………………… 23①

楽しみ …………………………………… 24①

■恋愛

恋愛の好み ……………………………… 20①

恋する ………………………………… 20②④

付き合う ………………………………… 20③

別れる …………………………………… 20⑤

■けんか

けんか …………………………………… 19②

非難・批判 ……………………………… 22③

謝る ……………………………………… 22④

■祝う

祝う …………………………………… 23①②

記念日のひと言 ………………………… 23⑤

感謝する ………………………………… 23③

■余暇

歓迎する ………………………………… 14①

食事でのもてなし …………………… 14②③

食事の感想 ……………………………… 15③

退出する ………………………………… 14④

席への案内 ……………………………… 15①

注文する ………………………………… 15②

食事の感想 ……………………………… 15③

会計する …………………… 15③, 16④

[買い物] …を探している ……………… 16①

値段 ……………………………………… 16②

試着する ………………………………… 16③

サイズ …………………………………… 16③

観光スポットをおすすめする ………… 17①

観光地の情報 …………………………… 17②

感想を言う ……………………………… 17③

著者紹介
フローラン・ジレル・ボニニ（Florent Girerd Bonini）
都内のフランス語学校「レグザゴン」代表。朝鮮大学校講師。2016年にフランス語教授資格 FLE を取得。
レグザゴン web サイト
https://www.l-hexagone.com/

サクサク話せる！ フランス語会話

2020 年 6 月 10 日　印刷
2020 年 6 月 30 日　発行

著　者 © フローラン・ジレル・ボニニ

発行者　　及　川　直　志

印刷所　　研究社印刷株式会社

発行所　101-0052 東京都千代田区神田小川町 3 の 24
電話 03-3291-7811（営業部），7821（編集部）　株式会社　白水社
www.hakusuisha.co.jp
乱丁・落丁本は送料小社負担にてお取り替えいたします。

振替 00190-5-33228　　Printed in Japan　　誠製本株式会社

ISBN 978-4-560-08876-0

▷本書のスキャン、デジタル化等の無断複製は著作権法上での例外を除き禁じられています。本書を代行業者等の第三者に依頼してスキャンやデジタル化することはたとえ個人や家庭内での利用であっても著作権法上認められていません。

フランス語で話す
自分のこと日本のこと

 CD付

田中幸子／川合ジョルジェット［著］

せっかく勉強したのだから，フランス語で伝えて
みたい！ この本に出ている例を土台にして，身近
なことからどんどん話してみましょう．ひとつひ
とつのセンテンスは短くてOK．大切なのは，セ
ンテンスをつなぐテクニック，説明を組み立てる
力と，ほんの少しの勇気です．音源がついていま
すので，リスニングの練習にもなります．
■A5判／164頁

◆◆◆◆◆◆◆◆◆◆◆◆◆◆◆◆◆◆◆◆◆◆◆◆◆◆◆

フランス語発音トレーニング
［増補新版］

菊池歌子／山根祐佳［著］

フランス語らしい発音のためには日本語とは異なる
テクニックが必要です．ステップをふみながら，コ
ツを体得していきましょう．できるだけフランス語
らしい発音で，通じるフランス語を話したいと思う
方が，ひとりでも学習できるようにつくりました．
音声アプリあり．
■A5判／152頁

白水社の
フランス語の
参考書